《史林》杂志目录（1986—2010年）及研究

干 编著

上海社会科学院出版社
SHANGHAI ACADEMY OF SOCIAL SCIENCES PRESS

本书谨献给上海社会科学院历史研究所

《史林》杂志创刊号

代序

杂谈2010年前的《史林》杂志

马 军

《史林》是中国南方地区最重要的史学刊物之一,值此创刊35周年之际,笔者作为曾经的编务、责任编辑、副主编和编委,想仅就该刊2010年前的状况闲聊几句,以为追昔忆往、抛砖引玉。

一、这是一笔宝贵的学术财富

截至2010年,《史林》已刊发文论两三千篇,共计数千万字,它的轨迹是改革开放以后中国社会发展,确切地说是中国学术发展的一个缩影。从手写时代到电脑时代,从人工查资料到网上搜检,从囿于所内、国内学界到被海外学者所广泛关注,完全可以用"换了天地"来加以形容。

《史林》也是一部史学界的"百科全书",就形式而言,有论文、文章、译文、札记、书评等;就学科而言,无论是中国史还是世界史,无论古代史还是近代史、现代史、当代史,各类专题均有深厚而广泛的涵盖,是专门研究不可绕开的宝库;就作者而言,除上海本市、国内其他省份,还遍及英、法、美、德等海外各地,可谓交相辉映,灿若星辰。

作为上海社会科学院历史研究所正式出版的所办刊物,《史林》也是该所最重要的所史资料之一。在其他材料有所缺失,而档案又不宜公开的情况下,它对于重拾1986年以来的办所方针、学术旨趣、同人行述、出版信息、会务活动和海内外交往等具有无可替代的作用。

二、2010年前的工作班子

《史林》工作班子的核心是其主编和副主编。本着所长负责制的原则,主编通常由所级领导担任,1986—2010年先后由方诗铭(所长、名誉所长)、熊月之(副所长、常务副所长、所长)担任,其中1995—2000年为并列时期。副主编通常由主编提名,先后有刘修明(1986—1992年)、杨善群(1992—1998年)、张铨(1992—1995年)、钱杭(1995—2009年)、周武(1995—2009年)、虞万里(2009—　)、马军(2009—2010年)出任。上述诸人均为研究员或副研究员。去职的原因分别是离世:方诗铭;退休:杨善群、张铨;工作调离:钱杭;请辞:刘修明、周武、马军。从1992年第1期(总第25期)起,《史林》每期均列出主编和副主编姓名。

从2009年第2期(总第111期)起,设编辑部主任,由王维江担任,亦在刊物上列名。

代序　杂谈2010年前的《史林》杂志

责任编辑（遴选自各研究室）和编务，在主编、副主编、编辑部主任的指导下从事日常、具体工作的执行。前者在其负责编辑的文章末尾列名，后者则不列名。

依照在刊物上首次出现的先后，署名责任编辑（含实名和笔名）的有：刘修明、支冲、王少普、张铨、熊月之、倪培华、杨善群、潘光、陈祖恩、郑庆声、施礼康、周殿杰、顾承甫、郑祖安、周锦獥、钱杭、齐国华、孟彭兴、陈正书、吴乾兑、吕静、王守稼、张和声、芮传明、方诗铭、施扣柱、周武、张培德、宋钻友、杨国强、陈卫民、承载、马学强、张剑、马军、朱守芬、李天纲、程念祺、福旺、吴梅嘉、刘彤、季懋、安肇、吴况、张秀莉、王健（1976年生）、秦蓁、王敏、邵建、高俊、段炼、任之、诸吟、劲草、饶玲一、甘慧杰、陈磊、李志茗、虞万里、沈洁、徐涛、冯志阳、唐巧天、何方昱、李晓羲、一舟、苏欣、江津、淮南、胡归、鲍隆、兴华、简硕、池桢、陈同、金大陆、小崧、汤仁泽、张晓东、白丁、于行、戴海斌、素一、初阳、罗丹、罗夷、殳书。此外，沈渭滨受邀担任过特约编辑。

从1999年第2期（总第54期）起，增设编委，依次为方诗铭、熊月之、钱杭、周武、杨国强、李天纲、程念祺、陈克艰，均为所内高级研究人员。后有所更动。

从2003年第1期（总第70期）起，再增设特约编委，即：卜正民（加拿大多伦多大学）、王国平（苏州大学）、王汎森（"中研院"史语所）、王家范（华东师范大学）、艾尔曼（美国普林斯顿大学）、卢汉超（美国佐治亚理工学院）、叶文心（美国伯克利加州大学）、叶凯蒂（德国海德堡大学）、刘志伟（中山大学)、安克强(法国里昂第二大学)、朱英(华中师范大学)、毕可思(英国布雷斯特大学)、苏智良(上海师范大学)、陈剩勇(浙江大学)、范金民(南京大学)、茅海建(北京大学)、杨玉圣(北京师范大学)、赵世瑜(北京师范大学)、姜义华(复旦大学)、高纲博文(日本大学)、常建华(南开大学)、梁元生(香港中文大学)、熊秉真("中研院"近代史研究所)、黎志刚(澳大利亚昆士兰大学)。均为国内外著名学者。后亦有所更动。

从第2005年第2期(总第84期)起,成立《史林》杂志理事会,理事长熊月之,副理事长钱杭、方志远(江西师范大学历史系)、姜锡东(河北大学历史研究中心),秘书长张启民,理事王世华(安徽师范大学)、钱国旗(青岛师范大学)、高飞(台州师范学院台州文化研究所)、冀伯祥(重庆师范大学历史与文博学院)、王慕民(宁波大学文学院)、宋耀廷(北京联合大学应用文理学院)、龚国庆(浙江师范大学历史研究所)、李清凌(西北师范大学历史系)。

三、早期的经济困境和广告

《史林》创办于1986年,那是一个经济浪潮席卷全国、学术经费严重短缺的时代。虽然有所内行政拨款可恃,但毕竟有限,常常入不敷出。随着纸张、印刷费用的猛涨,编辑部不得不通过频繁提高每期价格来聊作弥补。创刊时是1.25元,2年后变为1.50元,1993年起为2元,1997年为4元,1998年是5元,2000年是10元,2003年为12元,2007

年达到18元,2009年直至20元……

最困难的是在1989年,每期篇幅由原来的150—160页,一度压缩至80页,并不得不谋求上海市东海联合企业公司经营部、浙江省宁海县建筑工程公司综合工程队、温州市物资贸易商场上海经营部、浙江温岭机电设备厂等的经济赞助。

尽管如此,《史林》编辑部仍始终给每位作者和工作人员拨发稿费和劳务费(数量颇有限),并长期坚持不刊登商业性广告。直至1999年第2期才为应时变,破了此例。

从1999至2006年,《史林》以每期1—2页的彩色篇幅,先后为如下品牌和单位做过广告,即:上永牌彩管(1999年)、上海交大南洋学校(金山)(2000年)、上海恒通织造有限公司(2000年)、上广电(2001—2003年)和万源城(2004—2006年),由此取得了一定的社会效益和经济效益。

除此之外,《史林》还偶尔为兄弟刊物刊发过宣介,如《理论信息报》(1986年第3期);《社会科学报》(1986年第3期,1989年第4期);《社会科学》、《上海社会科学院学术季刊》(1986年第3期,1988年第1期);《史学理论》(1987年第1期);《安徽史学》(1987年第1期);《学术月刊》(1989年增刊);《档案与史学》(1995年第4期);《上海新书目报》(1997年第1期)。

四、新书介绍栏目

《史林》自创刊始即有零星的新书介绍,但自1990年第

3期(总第19期)起,则在"封四"(偶见"封二")设立了一个专栏,即"上海社会科学院历史研究所最新成果",有序号,每期一般介绍一至两种新书,含著、编、译等,列出了书影、责任者、出版社、价格等,另有三五百字不等的内容介绍。至2006年增刊(总第92期),已出至第47次。〔其间,1991年第3期(总第23期)又单独推出过"上海社会科学院历史研究所重要成果介绍"1次〕

从2006年第3期(总第93期)起,则易为"史林特别推荐书目",无序号。据计算,截至2010年底,已推出27次。其内,除本所同人成果外,还大量介绍了所外人士的最新出版品。

以上两类相加,在这20年间,共介绍新书75次,涉及约150种。若串珠成环,不失为一份极为重要的书目,对于构建学术史和上海社会科学院历史研究所所史颇有裨益。

这些书介多为原书作者所撰。

五、各类告示、讣闻

观诸《史林》杂志,常可见到"征稿启事""敬告读者""本刊启事""稿约""征订通知""更正""改版启事""鸣谢""预告"之类的告示穿插其间,这其实是编辑部与读者间的一种特殊的沟通渠道,从中可以概见《史林》在自介、征稿、编稿、征订、纠谬等方面的工作轨迹,亦有助于为将来构建《史林》之史提供素材与线索。

国际刊物通常会刊发与刊物有关、与刊物主办单位有关,或与办刊宗旨相关的著名学者的讣闻,以为缅怀新近故者的业绩之意。因此,讣闻也是一种特殊的告示。然而2010年之前的《史林》仅刊发"讣告"一次,即2000年第1期(总第57期,2000年2月20日),是为宣告首任主编方诗铭先生之逝世。此外,1986年第3期(总第3期)曾刊发过数篇有关历史研究所首任所长李亚农的追忆文字;2001年第1期(总第61期)有关于日本汉学家岛田虔次的悼念。另有些零星的回忆文章则见之于增刊,如《悼念上海史学者陈正书》(载2011年增刊,总第128期)。

六、目　录

《史林》自创刊号起,每期均设有该期目录。从1987年第1期(总第4期)起,又增设英文目录(后又有英文摘要)。此外,若干期内还载有年度目录,以2010年之前为例,有1996年总目(载1996年第4期),1998年总目录(载1998年第4期),2001年总目录(载2001年第4期、2002年第2期),2002年总目录(载2003年第1期),2003年总目录(载2003年第6期),2004年总目录(载2005年第1期),2005年总目录(载2006年第1期、2006年第2期),2006年总目录(载2007年第1期),2007年总目录(载2008年第1期),2008年总目录(载2009年第1期),2009年总目录(载2010年第1期)。但该刊迄今从未编制总目录,这是与国际刊物的惯例有一定距离的,亟待弥补,以利学界查阅、运用。

七、总期数、增刊

截至2010年底,《史林》共推出123期。常刊之中含有若干期冠名的纪念刊,如1990年第4期(总第20期),系纪念鸦片战争150周年特辑;1991年第3期(总第23期),系纪念中国共产党成立70周年;1991年第4期(总第24期),系纪念辛亥革命80周年;1992年第1期(总第25期),系纪念"一·二八"淞沪抗战60周年;1993年第4期(总第32期),系纪念毛泽东同志百年诞辰论文特辑;1995年第2期(总第38期),系纪念抗日战争暨世界反法西斯斗争胜利50周年特辑;1996年第3期(总第43期),系庆祝上海社会科学院历史研究所成立40周年专辑;2003年第5期(总第74期),系上海开埠160年专辑;等等。

除常刊外,还出过增刊8次,即1989年增刊(总第16期);2002年增刊(总第67期);2004年增刊(总第82期,口述史研究专号);2005年增刊(总第89期);2006年增刊(总第92期,口述史研究专号2);2007年增刊(总第102期,口述史研究专号3);2009年增刊(总第112期,口述史研究专号4);2010年增刊(总第120期,口述史研究专号5)。

八、印刷、发行

《史林》杂志曾交付过以下厂家印刷,即上海社会科学院印刷厂、常熟市印刷二厂、苏州澳托电脑公司、上海医科大学印刷厂、上海华亭印刷厂、上海古籍印刷厂、上海万安印刷厂、上海图宇印刷有限公司、上海展强印刷有限公司。

该刊创刊之初即委托新华书店上海发行所和中国出版对外贸易公司上海分公司分别负责国内外发行。2002年起国外总发行由中国国际图书贸易总公司承担。

（原载"上海史研究通讯"微信公众号 2021 年 10 月 31 日）

目　录

代序　杂谈2010年前的《史林》杂志 ········ 马　军　001

《史林》杂志目录(1986—2010年) ·············· 001
　1986年 ·· 001
　1987年 ·· 005
　1988年 ·· 010
　1989年 ·· 016
　1990年 ·· 020
　1991年 ·· 025
　1992年 ·· 029
　1993年 ·· 034
　1994年 ·· 038
　1995年 ·· 042
　1996年 ·· 046
　1997年 ·· 051
　1998年 ·· 055
　1999年 ·· 059
　2000年 ·· 063

2001年 …………………………………………… 068
2002年 …………………………………………… 074
2003年 …………………………………………… 080
2004年 …………………………………………… 086
2005年 …………………………………………… 095
2006年 …………………………………………… 102
2007年 …………………………………………… 112
2008年 …………………………………………… 121
2009年 …………………………………………… 129
2010年 …………………………………………… 141

责任者索引 ……………………………………… 154
标题人物索引 …………………………………… 185

附录 ……………………………………………… 198
  一、回忆与研究 ………………………………… 198
    建议创办历史专业刊物 ……… 徐元基 齐国华 198
    关于响应历史所办一个刊物的倡议的
      来稿综述 ………………………………… 蓬 200
    历史研究新园地
      ——《史林》创刊 ……………………… 刘修明 203
    写在《史林》边上
      ——为五十周年院庆而作 ………… 周 武 204

杨善群笔下的《史林》 ·················· 220
上海社科院历史所60年:《史林》是如何
　酝酿创办的? ················ 于淑娟 222
在"所长、《史林》首任主编方诗铭先生诞辰
　100周年纪念册"发行式上的致辞
　(2019年9月26日) ············· 马 军 226
永怀《史林》首任副主编刘修明老师 ······ 马 军 231
《史林》杂志重要时间节点
　(截至2010年) ··············· 马 军 237
我曾当过《史林》杂志的编务 ·········· 马 军 245
我是怎样在《史林》上发表第一篇
　论文的? ··················· 马 军 248

二、相关资料 ······························· 252
　1986—2010年《史林》杂志"上海史研究"
　　篇目汇编 ················· 马 军 编 252
　《上海史研究通讯》目录(1980—1985年)
　　······················· 马 军 编 291

后记 ···································· 300

《史林》杂志目录(1986—2010年)

1986年

1986年第1期(总第1期),1986年4月

目录

征稿启事(《史林》编辑部)

敬告读者(本刊编辑部)

楚未灭越考辨(杨善群)

汉武帝酷吏政治述论(罗义俊)

东汉宦官集团的社会基础(刘修明)

"甘露事变"再评价(刘运承)

唐代庆山寺小考(顾承甫)

札记:圆仁到过沪渎港吗?(申丁)

研究明代中日关系史的珍贵文献——兼评复旦藏嘉靖本《筹海图编》(王守稼、顾承甫)

明清之际欧洲绘画艺术的传布及影响(费毓龄、陈祖恩)

论江忠源的"经世"思想及其对晚清政局的影响(石培华)

论左宗棠的洋务思想(王少普)

梁启超与晚清西学(吴嘉勋)

五卅运动对中国共产党发展的影响(张培德)

札记:《太史公自序》中"剑论"释(金德建)

五卅运动和上海租界统治的动摇(郑祖安)

论抗战初期的陈独秀(任建树)

抗战前期的蔡元培(孟彭兴)

上海社会科学院出版社历史类书目

评十八世纪下半叶抗英民族解放运动的联法策略(潘光)

一九二二年上海罢工高潮的兴起(上)(陈卫民)

札记:关于邹容参加拒法集会问题(越之)

开埠初期的上海(卢汉超)

1986年第2期(总第2期),1986年7月

目录

征稿启事(《史林》编辑部)

卜辞诸妇的身份及其相关问题(陈建敏)

春秋时期宗族组织的经济形态初探(孙晓春)

秦王朝关东政策的失败与秦的覆亡(王子今)

札记:范蠡离越出走的时间和路线(郑嘉融)

从《汉末英雄记》看公孙瓒(方诗铭)

唐代商税和商人三十税一(周殿杰)

札记:鲁恭王坏孔壁得古文经时在景帝末(孟楚)

论史随笔(唐振常)

清乾嘉时期的上海港与英国人寻找新的通商口岸(谯枢铭)

两次七宝之战考辨(杨其民)

一八六二年亨利·华尔购买舰炮案(于醒民)

札记:唐代骊山石瓮寺考(学霞)

论王韬的"实学"与社会改革(齐国华)

"平均地权"与亨利·乔治的"单一税"——兼谈孙中山理论与实践结合之失误(陈映芳)

早年的章太炎与西方"格致"之学(熊月之)

战斗在敌人的心脏——南京(1945—1949)(陈修良)

五卅运动中的爱国知识分子(傅道慧)

关于五卅运动的几点评价(张铨)

一九二二年上海罢工运动的兴起(下)(陈卫民)

曹聚仁与《中国学术思想史随笔》——兼谈曹氏学术观(章念驰)

日本对我国东北经济侵略和掠夺政策的变迁及其实施(李秀石)

第二次世界大战给美国对华政策的影响(魏楚雄)

札记:太平天国王爵表补篇(盛巽昌)

札记:上海县学尊经阁寻踪(施礼康)

1986年第3期(总第3期)(上海社会科学院历史研究所三十周年纪念特辑),1986年10月

目录

征稿启事(《史林》编辑部)

告读者(《史林》编辑部)

光辉的一生——李亚农同志传略(《史林》编辑部)

札记:周武王年寿补证(朱新华)

怀念李亚农同志(陈修良)

欢迎订阅《理论信息报》

泛论中国历史上的国家土地所有制(支冲)

唐代牛李党争性质辨析(刘运承)

札记:《史记·儒林传》"禽滑厘受业于子夏"考(金德建)

明代海外贸易政策研究——兼评海禁与弛禁之争(王守稼)

札记:汉乐府官署创设的时间与地点(孟楚)

明清江南丝绸业市镇的微观分析(樊树志)

读者·作者·编者:对《明清之际欧洲绘画艺术的传布及影响》一文的几点订正(杨其民)

明清两代官营织造业生产规模的比较分析(沈祖炜)

读史续笔(唐振常)

维新运动时期的天津《直报》(汤志钧)

华盛顿会议与"山东问题"(杨晓榕)

奇文赏析,民主至上——评陈独秀的《爱国心与自觉心》(任建树)

三十年工运史工作的坎坷之路——《工运史鸣辨录》代序(沈以行)

中国工人运动史的研究对象问题(郑庆声)

论"二七"受挫后工人运动的复兴(姜沛南)

"醒狮派"的国家主义(洪廷彦)

试析北伐战争时期的国民革命军(罗苏文)

拉美的军人干政与"民主化进程"(徐峰、方幼封)

德国共产党在反法西斯斗争中的历史教训(俞新天)

欢迎订阅《社会科学报》

中国历史的结构([美]施坚雅著,新之译)

欢迎订阅,欢迎来稿——《社会科学》月刊、《上海社会科学院学术季刊》

1987 年

1987 年第 1 期(总第 4 期),1987 年 3 月

英文目录

目录

征稿启事(《史林》编辑部)

敬告读者(《史林》编辑部)

重论西周时期的"公田"和"私田"(周自强)

东汉外戚集团和皇权土地所有制(刘修明、曹莉芳)

明代江南农业中商品经济略论(陈新权)

明朝与琉球的海上航路(王文楚)

论钱穆先生的史学对象论——钱穆先生史学方法论探索之一(罗义俊)

论丁日昌经济活动的时代特征(潘君祥)

《民吁日报》的社会影响及其封禁的历史背景(孟彭兴)

五四以前陈独秀的教育思想(施扣柱)

关于上海工人三次武装起义的评价问题(沈以行)

北伐战争时期共产党人与北方国民军(李复民、李敦送)

论"五·二○"运动总口号的形成(黄芷君)

上海城市发展的历史过程及其今后的建设(周维衍)

上海租界史上最早的新闻出版法(陈正书)

近代上海城市地名研究(上)(郑祖安)

略论法国大革命中吉伦特派的人权思想(周锦碱)

读者·作者·编者:关于李亚农同志传略(张玫)

第一次柏林危机初探(林勇军)

上海小刀会起义(1853—1855年)([法]约瑟夫·法斯著,倪静兰译,章克生校)

解放前上海的包身工制度([美]韩起澜著,吴竞成编译)

札记:述清初诸儒之学(钱穆)

札记:上海小刀会与闽浙会党(邵雍)

上海社会科学院历史研究所建所三十周年学术讨论会述要(史讯)

我国第一个有关史学理论和方法论的大型专门学术刊物《史学理论》(季刊)将于1987年3月问世(《史学理论》编辑部)

《安徽史学》自一九八七年起自办发行征订启事(《安徽史学》编辑室)

1987年第2期(总第5期),1987年6月

英文目录

目录

姜太公的籍贯和早年活动(杨善群)

鲁季氏立费国及其相关的问题(何浩)

曹操安定兖州与曹袁关系(方诗铭)

谈"永徽之治"与永徽党争(赵克尧)

晚明江南士大夫的历史命运(王家范)

关于《阅世编》作者叶梦珠生平(顾承甫)

宗法制度史研究中的几个基本问题(钱杭)

谈谈历史研究方法的多元化问题(马自毅)

试论胡林翼的吏治、人才思想及实践(王国平)

左宗棠和徐州近代化煤矿(余明侠)

邹容和陈天华——中国近代两位卓越的民主革命宣传家
　　(林增平)

美国退还庚子赔款余额的决策过程(张乐天)

国民党"一大"后孙中山革命思想的发展(胡绳武、戴鞍钢)

评国民党御用工具——上海工统会和上海工总会(周永祥)

简论上海开埠后的社会与文化变迁(李天纲)

西方物质文明在近代上海(卢汉超)

近代上海城市地名研究(续)(郑祖安)

试析当代中美洲经济发展中的几个问题(金计初)

札记：族诛法始于何时(孟楚)

简论十九世纪英俄对阿富汗的争夺(沈立新)

中国史的时代划分问题([日]谷川道雄著,张邻译)

札记：郑成功给日本幕府的信(盛仰红)

本刊启事(《史林》编辑部)

《史林》杂志目录(1986—2010年)及研究

1987年第3期(总第6期),1987年9月

目录

英文目录

孟子人生论评析(李经元)

札记:中国公布刑法的最早记载(郑嘉融)

汉代自耕小农的社会关系(杨一民)

王充伦理思想初探(朱义禄)

唐代宗族制度考述(魏承思)

札记:帝王墓葬品不能代表生产力(孟楚)

略述唐代中印交往的路线和领域(施一飞)

戴金事迹小述(李剑雄)

方鹏和《嘉靖昆山县志》(魏向东)

论魏源探求"西学"的思想演变(齐国华)

试论洋务派在开创幼童出洋留学事业中的作用(黄新田、谢建华)

上海"泥城之战"(郭豫明)

更正

论上海工人第三次武装起义胜利的原因及其评价(郑庆声)

宋庆龄与五卅运动(傅道慧)

四十年代后期的中国史学倾向(刘茂林、叶桂生)

古代上海地区私家藏书概述(施礼康)

上海开埠前西方商人对上海的了解与贸易往来(李荣昌)

论上海租界的双重影响(熊月之)

上海公共租界临时法院改组问题初探(吴健熙)

札记:"法老"、方尖碑及其它(郭黎)

突厥帝国的兴亡盛衰与历史作用(邓新裕)

《洛迦诺公约》与法国对德政策的转变(柴健尔)

1853—1956年的太平天国军事史([英]托马斯·泰勒·密迪乐著,石培华译)

1987年第4期(总第7期),1987年12月

稿约(《史林》编辑部)

《史林》征订通知(《史林》编辑部)

目录

英文目录

"弄瓦"与"弄璋"的由来(顾洪)

论司马昭(朱子彦)

东晋、南朝"估税"考(郑有国)

试论唐朝司法审判的法律依据(张中秋、金眉)

晚明上海士大夫及其社会思潮(王守稼)

明清时期吴江市镇初探(沈飞德)

为"未来治世王者"条具为治大法——读《明夷待访录·题辞》(窦忠文、刘伯涵)

从向西方学习到选择马克思主义——中国近代思想史的坎坷历程及其启示(李华兴)

论督抚、列强、资产阶级与"东南互保"(何平立)

伍廷芳法律思想略论(华友根)

札记:八一三抗战中的上海救亡画刊(吴景平)

试论民初沪、苏商民"裁厘加税"之争(王翔)

札记:宋代已有官方审查并限制民间出版文字一例(翊非)

关于"六三"大罢工的几个问题(姜沛南)

论第二次直奉战争(娄向哲)

"四·一二"政变前的张静江及国民党右派(沈宏礼)

论抗日民族战争中的农村包围城市及其特点(周同宝)

试论国民党在武汉抗战时期的作用(杨凡)

汪精卫集团的投敌与蒋汪"双簧戏"释疑(张云)

上海近代工业中心的形成(陈正书)

浅论犹太人的复国思想和犹太人民的生存权利(潘光、邓新裕)

札记:《约翰声》、《约翰年刊》与韬奋学生期习作新探(史量)

"全民统计与监督":列宁关于国家资本主义的思想初探(倪培华)

札记:《论语·卫灵公》"在陈绝粮"等三节应相连接(金德建)

"四国同盟"的幻想和希特勒对苏外交策略(周希奋)

斯内夫利特与第一次联合战线的起源(1921—1923年)([荷兰]托尼·赛奇著,王作求译,章克生校)

史林丛刊之一:《工运史鸣辨录》出版(沈以行著,上海社会科学院出版社版)

1988年

1988年第1期(总第8期),1988年3月

目录

英文目录

论周宣王中兴(杨善群)

司马迁对古代思想文化发展的总结(周一平)

居延汉简中的"秋射"与"署"(薛英群)

秦汉时期海盐县治在金山县戚家墩遗址说(洪建新)

剑客·轻侠·壮士——吕布与并州军事集团(方诗铭)

几社述论(周殿杰)

轮船招商局盘购旗昌轮船公司述论(陈潮)

论刘光第(吴杰)

萍浏醴起义与洪江会(周育民)

"五四"知识分子自我主体意识的形成及其嬗变(潘家春)

稿约(《史林》编辑部)

论国民党军政体制的初期建设(陈祖怀)

宋庆龄出国留学时间考订(吴桂龙)

"四·一二"前后的陈光甫与蒋介石(邢建榕)

亨利八世宗教改革的历史渊源和社会条件(卢柏军)

试析利文斯顿探险活动的特点(舒运国)

新经济政策时期苏联农村阶级划分的统计学问题(金雁)

略论太平洋战争初期的中美英关系——在缅甸战场的合作和冲突(王仰清、许映湖)

章太炎先生医学经历述评(章念弛)

烧酒问题初探(吴德铎)

沈以行著《工运史鸣辨录》读后(郑庆声)

《史林》征订通知(《史林》编辑部)

读者·作者·编者：《明代江南农业中商品经济略论》一文正误（杨其民）

欢迎订阅，欢迎来稿——《社会科学》月刊、《上海社会科学院学术季刊》

1988年第2期（总第9期），1988年6月

目录

英文目录

历史科学和社会改革（刘修明）

中国近代史体系构思中的方法论问题（韶菩）

楚国的宗法继承制与世系排列方式（钱杭）

论孙权（张大可）

更正（《史林》编辑部）

宋辽间的走私贸易（张庆龄）

札记：《册府元龟》亦有补汉史之价值（孟初）

明代铨选制度述论（张德信）

徐光启与明代天主教（李天纲）

徐霞客旅行方法研究（郑祖安）

马礼逊与中西文化交流（卞湘川、陈申如）

士大夫的气质与企业家的精神——张謇实业活动平议（徐鼎新）

孙中山、陈英士、蒋介石关系述论（莫永明）

札记：孔子学说有与墨家相符（金德建）

陈独秀与西南军阀（任建树）

朱镜我与后期创造社(朱时雨)

论中国早期工人运动与资产阶级的关系(朱顺兴)

论"五卅"中的上海工人运动(张铨)

关于"上海邮务工会"——中国黄色工会的一个剖析(饶景英)

论高卢主义与拿破仑(王敏华)

拉丁美洲文化的历史来源及其特点(刘文龙)

札记:贾谊治古史不严谨(费云)

评乔治·班克罗夫特的历史观及其代表作《美国史》(张和声)

晚清抗粮斗争:上海小刀会和山东刘德培(上)([美]裴宜理著,章克生、何锡蓉译)

近代日本对华文化事业(刘其奎、刘敏州译注)

《史林》征订通知(《史林》编辑部)

1988年第3期(总第10期),1988年9月

目录

英文目录

"作爰田"和小土地占有制的兴起(邹昌林)

汉代家兵初探(臧知非)

李德裕反宦官专权刍议(刘运承)

明初二高僧、清初二遗民史迹考析(王春瑜)

乾嘉时期的坎卦教(李尚英)

论郑板桥"平等、博爱、自由"思想的朦胧意识(齐国华)

一八四五至一八六〇年的中美贸易(邹明德)

龚自珍的人才观(翟廷瑨)

中国近代军事思想概论(沈渭滨、奚纪荣)

鸦片战争时期抵抗派的军事思想和实践(王建华)

魏源军事思想研究(孟彭兴、黄新田)

晚清海防思想研究(姜鸣)

论北伐战争时期国民革命军的青年军官层(罗苏文)

论方志属性(陆凤章)

上海顾绣述论(陆菁)

静安寺寺名年代小考(杨其民)

恽代英早期政治思想探索(周训芳)

瞿秋白与中国工人运动(周永祥)

论王明右倾投降主义和共产国际的关系(刘以顺)

东北沦陷与蒋介石、张学良的"不抵抗主义"(杨晓榕)

弗·培根的社会思想简析(周敏凯)

试论列宁的和平共处思想(陈兴耀)

近代美国的外资引进及成功原因(魏楚雄)

启事(《史林》编辑部)

稿约(《史林》编辑部)

《史林》征订通知(《史林》编辑部)

1988年第4期(总第11期),1988年12月

目录

英文目录

汉代学术复兴论(上)(罗义俊)

《晋石经》探疑(范邦瑾)

论唐帝国与吐蕃的文化交流(常霞青)

朱熹求真求实的史学研究方法(叶建华)

清代考信学家崔述简论(牛润珍)

关于《马可·波罗游记》的真伪问题(王育民)

雅礼会与中美文化交流(顾长声)

试论美洲洪门致公堂华侨在辛亥革命时期的作用(张鸿奎)

太平天国史实考证二则(张明楚)

评《近代上海大事记》(胡安权)

"五四"后期知识分子留洋动机探微(潘家春)

陈独秀与第一次国共合作(张统模)

新民主主义革命时期中小学教师的阶级属性浅析(梁凌)

中国共产党创立初期的上海工人运动评估(陈卫民)

"租界与近代中国社会"学术讨论会综述(熊月之等)

租界与近代上海经济结构的变化(陈正书)

上海租界浅析(张铨)

中国第一历史档案馆馆藏租界档案及其价值(邹爱莲)

上海图书馆事业发展的特殊历程(施礼康)

简论古代中国和东南亚国家的文化交流(沈立新)

拿破仑经济思想及经济政策初探(张宏伟)

浅论墨索里尼发动侵埃战争之动因(陈祥超)

晚清抗粮斗争:上海小刀会和山东刘德培(续)([美]裴宜理著,章克生、何锡蓉译)

1989年

1989年第1期(总第12期),1989年3月

目录

中国军事学宝库中的一颗明珠——纪念《孙子兵法》问世二千五百周年(杨善群)

论丧服制度(钱杭)

汉初学术复兴论(下)(罗义俊)

姚枢籍贯、生卒年份辨析(王兴亚)

吴禄贞出国留学及毕业回国时间补考(吴桂龙)

如何评估五四运动性质(张铨)

论"军事北伐,政治南伐"——北伐战争时期的一种社会现象(陈祖怀)

关于北伐战争的评价(金立人)

论"九一八"事变后中国对日抗战思想的演变(孟彭兴)

如何评价柳亚子?(王晶垚)

早期进入上海租界的日本人(谯枢铭)

尼日尔河探险的动因和影响初析(余建华)

试论苏德互不侵犯条约的签订及其影响(曹家骘、高建枢)

十九世纪中国的改革(选译)([美]柯恩著,陆菁译,李天纲校)

英文目录

改版启事(《史林》编辑部)

1989年第2期(总第13期),1989年6月

目录

先秦儒家与丧葬制度(吕静)

札记:《史记》载春秋齐国田氏世系之误(圭如)

"泰山诸将"与"泰山贼"、"泰山兵"——论东汉末年臧霸等人起兵的性质(方诗铭)

论中国封建社会初期的自耕农土地所有制(吴刚)

札记:太平天国王爵表续补篇(盛巽昌)

明清时期江南一个县份的社会经济结构——苏州府嘉定县个案研究(陈学文)

魏源军事思想再研究——论魏源的海疆防御思想(黄新田、孟彭兴)

试论倭仁的强国之道(吴民贵)

论"西学"与宋教仁的社会革命观(齐国华)

论邓演达被捕被害之缘由(王仰清)

十九世纪时上海人怎样看租界(冯绍霆)

论不同经济形态下开发上海自然交通资源的不同观念(陈正书)

略论法国大革命时期第一次反法同盟形成的原因(周锦礅)

略论战后美国社会就业结构的变化及趋势(田金星)

启事(《史林》编辑部)

英文目录

鸣谢(《史林》编辑部)

1989年第3期(总第14期),1989年9月

目录

卜辞中"直、旁系"问题正议(谢维扬)

西汉经学的"致用"之功(承载)

关于《唐会要》的流传和版本(周殿杰)

况钟治苏述论(金军宽、王卫平)

论欧事研究会的几个问题(周元高)

明清上海地区耶稣会士译著一瞥(史量)

远东运动会对近代中国体育事业发展的积极影响(施礼康)

启蒙运动与五四罢工(沈以行)

二七罢工斗争是一次发人深醒的经历([荷兰]托尼·赛奇著,李谦译,章克生校)

第二次世界大战前后世界工人阶级的统一战线(陆象贤、陈世英)

上海租界的形成([日]加藤佑三著,谯枢铭译)

纪念法国大革命二百周年国际学术讨论会"法国大革命与中国"会议综述(周锦褣)

塔西佗笔下的"善"与"恶"(秦颖)

泰国现代化运动鸟瞰(沈立新)

札记:王国维与樊炳清(罗继祖)

英文目录

鸣谢(《史林》编辑部)

1989年第4期(总第15期),1989年12月

目录

西周宜国史考究(杨善群)

秦国交通的发展与秦的统一(王子今)

魏晋北朝邺都兴废的地理原因述论(郭黎安)

"牛李两党以科第分说"质疑(刘运承)

清代的公文制度及其演变(丁之方)

《南京条约》至《虎门条约》期间英国在上海选择居留地的活动(吴乾兑)

近代中外经济联系加强对苏南农村的影响(唐文权)

瞿秋白在中苏友谊史上的地位(周永祥)

上海公共租界会审公廨论要(张铨)

《孙文学说》在沪初版发行的前前后后(邹振环)

评"一·二八"战争前后沪西日商纱厂大罢工(饶景英)

关于中小学教师阶级属性的再议(郑庆声)

请订阅1990年《社会科学报》(《社会科学报》编辑部)

浅谈印度皇帝阿克巴(施一飞)

试论"东方问题"的后遗症及其对中东的影响(潘光)

增刊启事(《史林》编辑部)

英文目录

《史林》1989年增刊要目预告

1989年增刊(总第16期),1989年底

目录

试论古代黄河流域森林概貌(吴德铎)

"绿林"非山名辨(曾维华)

论东汉门阀形成的经济因素——东汉门阀问题研究之二（周天游）

"丹阳兵"与"东据吴会"——论丹阳郡在孙策平定江东战争中的地位（方诗铭）

薛福成军事思想叙论（孟彭兴）

论曾国藩的社会变革思想（齐国华）

论北伐前后国民党军政体制的嬗变（陈祖怀）

20至30年代上海产业工人队伍构成的特点及生活状况（罗苏文）

近代上海商业略论（潘君祥、陈立仪）

论罗斯福新政时期的社会保障法及其历史作用（田金星）

南苏丹问题由来与发展探析（余建华）

国民党与工人（上）（[美]伊罗生著，吴竟成编译）

札记：新四军首战时间考（童志强）

英文目录

《学术月刊》欢迎订阅

1990年

1990年第1期（总第17期），1990年3月

目录

中国古代守丧之制述论（丁凌华）

鲁国继承制度中的"一继一及"问题（钱杭）

李悝"尽地力之教"辨正（何泉达）

明代上海地区城镇的增长、分布及其特点(张忠民)

明清西方传教士的藏书楼及西书流传考述(施礼康、羽离子)

论章太炎先生的学术成就(章念驰)

清末河南人民收回福公司矿权的斗争(薛世孝)

鸦片战争前上海与香港之历史比较(陈正书)

上海公共租界会审公廨论要(续)(张铨)

"南方工会"初探(陈卫民)

三十年代前期法国的欧洲外交与莱茵兰危机(柴健尔)

国民党与工人(下)([美]伊罗生著,吴竟成编译)

札记:《尚书·文侯之命》述作时代新证(金德建)

札记:吴起变法经历时间辨(徐小谊)

英文目录

《上海史》简介

1990年第2期(总第18期),1990年6月

目录

文王"受命"传说与周初的年代(王和)

钱仪吉稿本和新版《三国会要》(刘修明)

唐代的贬官制度(丁之方)

论《盛世危言》的立言与社会实践(齐国华)

论中国国民党军事力量的兴起与转型(1924—1928年)(陈祖怀)

论"八一三"上海抗战效应(孟彭兴)

古代上海与日本交往(谯枢铭)

上海开埠与苏南地区经济格局的变化(戴鞍钢)

一九二八年的上海工人运动新探(郑庆声)

《圣经》和《古兰经》中希伯来人、以色列人、犹太人的历史宗教概念(陆培勇)

拿破仑对外战争性质的转化与提尔西特和约——兼谈马、恩、列关于这个问题的论述(潘光、周国建)

试论19世纪末20世纪初德国对中东的经济渗透(王健)

近年来当代非洲国家政治体制研究综述(余建华)

流氓帮会与工人阶级([美]伊罗生著,李谦编译,章克生校)

英文目录

本刊重要启事(《史林》编辑部)

《李鸿章与中国近代化》一书出版

1990年第3期(总第19期),1990年9月

目录

秦政府经济管理职能考察(陈长琦)

论汉代博士家法——兼论两汉经学运动(罗义俊)

论"气侠"之士袁术(方诗铭)

论范仲淹的教育观(杨先国)

袁世凯与预备立宪(廖大伟)

试评护国战争中的李烈钧(周元高)

选择马克思主义是历史发展的必然(任建树)

中国共产党在大革命时期的军事实践与评价(宋恩夫)

新桂系军阀在"四·一二"政变中的作用(顾建键)

"里应外合"平议(聆耳)

新剧:近代上海一种流行艺术的兴衰(许敏)

英法资产阶级革命中土地问题的对比研究(金重远)

论汤因比的史学宗旨(张和声)

书评:创新的见解,扎实的功力——徐勇《尉缭子浅说》评介(李勤)

札记:两周"三事大夫"析(杨善群)

英文目录

上海社会科学院历史研究所最新科研成果(一):《从崩溃到中兴》(刘修明著,上海古籍出版社版);《评新儒家》(罗义俊编著,上海人民出版社版)

1990年第4期(总第20期)(纪念鸦片战争一百五十周年特辑),1990年12月

目录

苟利国家生死以,岂因祸福避趋之——林则徐爱国思想评析(孟彭兴)

鸦片战争时期的士大夫群体意识(杨国强)

鸦片战争启示录(熊月之)

鸦片战争与1845年《上海租地章程》(吴乾兑)

鸦片战争前后中国社会变迁散论(周武)

闭眼与开眼——鸦片战争的回顾与反思(何泽福)

鸦片战争时期中国人对西方政事的了解和评判(胡礼忠)

中国近代文学的开端——略论鸦片战争时期的文学新风（张雪蓉）

荒唐的历史颠倒（吴德铎）

鸦片战争后教会女塾在中国的兴起（陆菁）

明清两代官营织造业生产规模的比较研究——兼与沈祖炜先生商榷（范金民）

孙中山对中国现代化的构想（李华兴）

共产国际、苏联顾问与省港罢工——纪念省港罢工六十五周年（沈宏礼）

解放前夕上海公交公司工人的应变斗争（马庆文）

文艺复兴式罗马教廷出现的原因（安希孟）

曼谷唐人街与泰籍华人（沈立新）

知识分子与中国革命（[美]伊罗生著，吴竟成编译，章克生校）

书评：日中学术交流的有益尝试——介绍汤志钧、近藤邦康合著的《中国近代的思想家》（[日]小林武著，承载译）

书评：一部贯穿实事求是原则的力作——介绍汤志钧的《近代中国的革命思想和日本》（[日]野村浩一著，承载译）

札记：《霖天豫李给清朝李协镇诲谕》考（张明楚）

英文目录

上海社会科学院历史研究所最新科研成果（二）：《陈独秀》上（任建树著；上海人民出版社版）；《当代国际危机研究》（潘光主编，中国社会科学出版社版）

1991 年

1991 年第 1 期（总第 21 期），1991 年 3 月

目录

两汉博士家法株生原因论略（罗义俊）

论东晋南朝的"土断"和"开山泽之禁"（吴刚）

札记：《四库》中日本人著作的西归考论及补遗（史量）

后突厥与突骑施交战地点考（芮传明）

东京店宅务：北宋官营房地产业（杨师群）

《天演论》与严复的政治观（齐国华）

费正清与中国（陈祖怀）

论中国共产党在八一三上海抗战中的作用（孟彭兴）

1843 年上海之行（[英]罗伯特·福钧著，郑祖安译，吴德铎校）

中国劳动组合书记部性质异说（刘功成）

法国大革命初期君主立宪派对旧军队的改造（柴惠庭）

战后英国工党政府与冷战起源（1945—1948）（叶江）

原始宗教中的灵魂不灭（[英]詹姆斯·乔治·弗雷泽著，吕静译）

札记：春秋吴国"朱方"地望辨正（王祺）

英文目录

上海社会科学院历史研究所最新科研成果（三）：《封建末世的积淀和萌芽》（王守稼著，上海人民出版社版）

1991年第2期(总第22期),1991年6月

目录

西周春秋的内朝与外朝(郝铁川)

西汉五经博士经说分家问题刍议——兼与罗义俊先生商榷(承载)

瓦氏夫人苏松抗倭史迹考(谯枢铭、黄明标)

明律的轻重及其原因探析(郭建)

徐孚远及其《钓璜堂存稿》(蒋星煜)

宗族与宗法的历史特征——读吕思勉《中国制度史》第八章《宗族》(钱杭)

中国教育会与爱国学社——近代教育救国方案的初步实践及其意义(孟彭兴)

帝国主义在华领事裁判权的形成、废除及其斗争(华友根)

租界的起源和上海公共租界的形成(季平子)

上海史研究二题(杨其民)

罗马帝国城市化初论(周义保、张南)

试析天主教会在西欧封建制度形成过程中的作用(季惠群、余建华)

"床"的起源及变迁与中日起居文化([日]吕玉新著,施礼康编译)

札记:《仲尼弟子列传》孔门四科先"政事"后"言语"辨(金德建)

英文目录

上海社会科学院历史研究所最新科研成果(四):《近代经学与政治》(汤志钧著,中华书局版);《改良与革命的中国

情怀——康有为与章太炎》(汤志钧著,香港商务印书馆版)

1991年第3期(总第23期)(纪念中国共产党成立七十周年),1991年9月

目录

二十年代前后的中国与中国共产党诞生(张铨)

马克思主义与中国工人运动相结合——一九二〇年上海工人运动的特色(张统模)

第一次国共合作初期领导权之争与陈独秀(任建树)

论毛泽东的独立自主与对外开放思想(李华兴、王泠一)

抗日战争时期毛泽东军事思想散论(孟彭兴)

周族的起源地及其迁徙路线(杨善群)

葡萄与葡萄酒传入中国考(芮传明)

吴中水利与滨海盐利——兼论明清两代上海盐业衰颓的原因(何泉达)

论护法运动中的李烈钧(周元高)

五十年代上海工运史料工作回顾(沈以行)

早期犹太教育浅谈——兼论犹太教与儒学教育观之异同(程郁、张和声)

试论巴黎公社克服官僚制的伟大实践——纪念巴黎公社120周年(王健)

中国工人阶级的数量和地域分布([法]让·谢诺著,李谦译,章克生校)

书评:评《史学,文化中的文化——文化视野中的西方史学》(章余之)

札记:从王韬《瀛壖杂志》一瞥上海开埠后西人体育(史量)

英文目录

上海社会科学院历史研究所重要成果介绍(一):《中国近代思想史》(李华兴著,浙江人民出版社1988年版);《麝香之路上的西藏宗教文化》(常霞青著,浙江人民出版社1988年版)

1991年第4期(总第24期)(纪念辛亥革命八十周年),1991年12月

目录

论孙中山的社会革命观(齐国华)

辛亥革命与皇朝体制的终结(周武)

1908年孙中山在曼谷——与美国驻暹罗公使的会见(吴乾兑)

从学者到战士——论章太炎、吴检斋师生(章念驰)

海外华侨支持辛亥革命刍议(沈立新、崔志鹰)

"黑山贼"张燕与袁绍在河北的对峙和战争(方诗铭)

陶弘景与佛教史实考辨(卢仁龙)

论"九一八"事变(张铨)

浅论李汉俊对中国革命的贡献与失误(陈绍康)

论一九二八年上海的"七大工会"(郑庆声)

南方工会再探——广东机器工会剖析(陈卫民)

试论古代犹太人宗教复国思潮的兴衰及其渊源(余建华、潘光)

论二战时期法军败降与苏军初期失利的原因(田金星)

中国工人阶级的数量和地域分布(续)([法]让·谢诺著,李谦译,章克生校)

英文目录

上海社会科学院历史研究所最新科研成果(五):《向专制主义告别》(熊月之著,香港中华书局版);《科技史文集》(吴德铎著,上海三联书店版)

1992年

1992年第1期(总第25期)(纪念"一·二八"淞沪抗战六十周年),1992年3月

目录

"一·二八"淞沪抗战及其意义(张铨)

彪炳史册的"一二八"淞沪抗战(饶景英)

九一八、一二八事变和上海民族资产阶级(张义渔)

春秋战国时期的巫与巫术研究(吕静)

试论唐前期官员俸料钱与国家财政的关系(陈明光)

五代至清末东传汉籍的西归与中日文化交流(施礼康、羽离子)

论"孔子改制"与西学意识——康有为的思想演变及其评价(齐国华)

近代日本对华政策研究(孟彭兴)
略论新民主主义社会的理论和实践(陈同)
丁文江和淞沪商埠督办公署(吴健熙)
一个不应被忽视的历史案件——考英商美查兄弟公司上海榨油厂(陈正书)
《乌托邦》与托马斯·莫尔政治思想剖析(李云芳)
法国大革命与法国犹太人的解放(倪华强)
依附理论的渊源及特点——发展理论再思考之一(俞新天)
动态:"辛亥革命与近代国情"学术讨论会录要(吴桂龙)
书评:一部具有特色和创见的工运史专著——《上海工人运动史》(上卷)评介(陆象贤)
札记:周太王亶父没有"古公"之雅号(郑楠)
更正启事(《史林》编辑部)
迁移启事(《史林》编辑部)
英文目录
上海社会科学院历史研究所最新科研成果(六):《上海工人运动史》上卷(沈以行、姜沛南、郑庆声主编,辽宁人民出版社版);《中国劳动组合书记部在上海》(陈卫民编著,知识出版社版)

1992年第2期(总第26期),1992年6月
目录
西周农业生产和耕作方法探论(杨善群)
董卓对东汉政权的控制及其失败(方诗铭)

从《廿二史札记》看赵翼的法律思想（华友根）

辛亥革命未能彻底胜利原因试析（周元高）

辛亥革命时期英国对华政策及其表现（廖大伟）

蔡和森著《中国共产党史的发展》研究（周一平）

论"八一三"淞沪抗战期间蒋介石的战略指导（孟彭兴、黄新田）

士·娼·优——晚清上海社会生活一瞥（许敏）

文化形态史观与战国策派的史学（张和声）

俄国资产阶级自由主义的形成（姚海）

论三十年代犹太难民涌入上海的原因（周国建）

试评上海时期的朝鲜临时政府（孙科志）

国民政府的钢铁产业政策（[日]荻原充著，秦胜译，吴健熙校）

札记：五代扬州植蔗说献疑（何泉达）

书讯：海峡两岸文化交流谱新篇（李勤）

英文目录

上海社会科学院历史研究所最新科研成果（七）：《中国共产党七十年大事本末》（任建树主编，周琪生、郑庆声副主编，上海人民出版社版）；《以色列·犹太学研究1990》（潘光、金应忠主编，上海社会科学院出版社版）

1992年第3期（总第27期），1992年9月

目录

封建生产关系与太湖水患的久治不愈（吴刚）

五代时期中原地区粟特人活动探讨(芮传明)

北宋军赏制度考述(顾吉辰)

论李鸿章与"洋务"实践(齐国华)

论第一次世界大战期间日本对华政策(周武、陈先春)

论梁启超的政治品格与学术品格(吴前进)

大革命失败到二万五千里长征的历史探讨(张铨)

桂蒋矛盾的历史作用评析(高红霞、廖大伟)

近代上海教育、科学、文化事业的拓展与推进(罗苏文)

穆志英是妇女运动的先锋吗?(陈卫民)

罗马帝国衰亡原因散论(沈坚)

美国华人与印度尼西亚华人的比较研究(崔志鹰)

当代美国史学理论的基本特征(张广勇)

随笔:俞樾论医(丁之方)

随笔:章太炎与刘伯温(章念驰)

调查:孙膑故里辨伪(黄海澄)

札记:从汉译西书的东传到日译西著的东来小识(史量)

英文目录

上海社会科学院历史研究所最新科研成果(八):《周代宗法制度史研究》(钱杭著,学林出版社版);《中外文化交流史话》(沈立新主编,华东师范大学出版社版)

1992年第4期(总第28期),1992年12月

目录

论《国史大纲》与当代新儒学——略及钱宾四先生史学的特

性与意义(罗义俊)

徐霞客旅行研究二题(郑祖安)

近代西学东渐的序幕——早期传教士在南洋等地活动史料钩沉(熊月之)

郑观应《道器》平议(方志钦)

札记:"模棱"考(昱昊)

上海:晚清革命思想的宣传中心(顾晓虹)

太平天国扶王陈得才与陕西回民起义(石培华)

沪军都督府与南京临时政府的筹建(吴乾兑)

"七七"事变后的陈独秀(张统模)

论一九三六年上海工人运动的转变(郑庆声)

试论英国王政复辟时期的"大迫害"及其对清教的影响(柴惠庭)

历史辩证法在第一次西班牙革命中的体现(张家哲)

大韩民国临时政府诸问题探略(余建华)

马尼拉唐人街的历史变迁(沈立新)

考古:变混沌为清晰的重大发现——纪念临沂汉简出土二十周年(杨善群)

动态:台湾的谱牒与谱牒学研究(钱杭)

英文目录

上海社会科学院历史研究所最新科研成果(九):《孙子评传》(杨善群著,南京大学出版社版);《石库门:寻常人家》("大上海"丛书之一)(罗苏文著,上海人民出版社版)

1993年

1993年第1期(总第29期),1993年3月

目录

试论考古学研究的三个过程及其方法(潘松鹤)

再论"九族"今、古文说(钱杭)

中原地区女相观音渊源浅探(芮传明)

康熙帝与米价——兼论康熙帝的固邦经略(何泉达)

札记:《大唐西域记》"淳风西偃"与"候律东归"释(昱昊)

试论明清江南社会经济"内变迁"与劳动力转移(马学强)

明清时期宝山地区市镇结构探索(朱子彦)

论"西学"在盛宣怀经办实业中的应用(齐国华)

八·一三淞沪抗战意义论析(陈祖怀)

周恩来对《在延安文艺座谈会上的讲话》的贡献(王泠一)

试论"亨利八世宗教改革"(柴惠庭)

试析一战时中德关系的演变(王健、陈先春)

货币主义与智力的现代化(钱明德)

孙中山的对外战略论——以《中国存亡问题》为中心([日]高纲博文著,邵力群译)

争鸣:概念和逻辑的混乱——评一篇工运史理论文章(郑庆声)

资料:上海租界第一次《地皮章程》中文原本书后(陆文达)

英文目录

上海社会科学院历史研究所最新科研成果(十):《瞿秋白年谱新编》(周永祥著,学林出版社版);《走出封闭的怪圈》(潘光、余建华著,四川人民出版社版)

1993年第2期(总第30期),1993年6月

目录

论孟荀思想的阶级属性(杨善群)

青州·"青州兵"·"海贼"管承——论东汉末年的青州与青州黄巾(方诗铭)

唐人礼法、习俗中的避讳行为及其社会效应(徐连达)

李兆洛辑《八代全文》残稿考述(承载)

格致书院与西学传播(熊月之)

上一个世纪之交浦江航道之争的历史启示(陈正书)

论甲午战争的历史教训(姜铎)

南京大屠杀的预演——"八·一三"日本在上海暴行考略(孟彭兴)

解放前的帮会与上海工人运动(陈卫民)

中犹传统家庭特征比较(周国建)

韩国华侨的历史和现状(崔志鹰)

从冲突到沉寂:1927—1937年间江苏省国民党党内宗派主义和地方名宿([美]盖斯白著,徐有威译,陈祖怀校)

一段难忘的珍贵历史——"中国共产党与朝鲜独立运动"学术研讨会综述(余建华)

动态:马陵之战古战场的新发现(沈永忠)

英文目录

上海社会科学院1991—1992年度科研成果评奖历史研究所获奖名单

1993年第3期(总第31期),1993年9月

目录

"筚路蓝缕以启山林"——顾颉刚先生与中国民俗学(吕静)

孔子"好古"思想试析(李民、郭旭东)

从《客帝》到《客帝匡谬》——章太炎民族革命思想探源(齐国华)

论晚清幕府中的"洋人"(张敏)

熊希龄与热河蒙防(宋钻友)

近代上海市民精神风貌探讨(张铨)

三十年代上海的帮会与工会(饶景英)

英法对西非殖民侵略和统治(1876—1914)评述(余建华、沈跃萍)

苏德战争合围战特点探析(马军)

胡志明市唐人街的历史变迁(沈立新)

本刊稿约和征订启事(《史林》编辑部)

古代中国与"岛夷"日本之间的国家理性——从邪马台国的所在地展开([日]细野浩二著,蔡建国、何凤圆译)

中国工人阶级的政治经历([法]让·谢诺著,李谦译,章克生校)

书评:孙子研究园地中集大成性的新硕果(陈恩林)

书评：运用时空观念构建秦人历史的成功之作（王健）

札记：桃符避邪源流考（滕越）

英文目录

上海社会科学院历史研究所最新科研成果（十一）：《近代思潮纵横》（李华兴著，香港中华书局版）；《世界各国唐人街纪实》（沈立新著，四川人民出版社版）

1993年第4期（总第32期）（纪念毛泽东同志百年诞辰论文特辑），1993年12月

目录

长征：毛泽东领袖地位的初创（马军）

毛泽东在制定白区工作方针中的贡献（郑庆声）

毛泽东与中国工人运动（陈卫民）

毛泽东军事思想的理论体系与实践精神（杨善群）

钱穆与顾颉刚的《古史辨》（罗义俊）

刘邦的法制活动及其影响（华友根）

论太平天国与美国的早期关系（石培华）

论海关洋员与中国近代邮政（凌弓）

章太炎与东三省开发（章念驰）

端纳与国民经济研究所简论（邢建榕）

近代上海帮会透视（张铨）

地理大发现后流向新大陆的移民潮（沈坚）

马克·布洛赫及其史学思想（张和声）

台湾史学新作《明代的儒学教官》评介——兼论吕坤"教官

重"说(何泉达)

中国工人阶级的政治经历(续)([法]让·谢诺著,李谦译,章克生校)

动态:中外学者讨论东南沿海城市与中国近代化问题(岳智)

英文目录

本刊稿约和征订启事(《史林》编辑部)

1994 年

1994 年第 1 期(总第 33 期),1994 年 3 月

目录

古代预言、预兆"应验"原因探讨(芮传明)

两汉西域戊己校尉考(余太山)

中俄早期陆路贸易述论(胡礼忠)

札记:《大唐西域记》"铜水"解(昱昊)

俞樾政治思想简论(丁之方)

更正(《史林》编辑部)

近代中国无政府主义思潮的兴衰与马克思主义的胜利(孟彭兴)

巾帼放眼着先鞭——论钱单士厘出洋的历史意义(齐国华)

略论晚清"学战"思潮(方平)

五四运动期间上海的民族资产阶级(张义渔)

徐树铮与皖系军阀的兴衰(廖大伟、奚鹏彪)

试论1928年留守中央关于白区工运的策略(黎霞)

粤剧在旧上海的演出(宋钻友)

基督教安立甘宗的形成及其特点论析(柴惠庭)

美、德两国工业革命特点试析(程岂凡)

英国近代教育与工业化关系研究(潘迎华)

英文目录

上海社会科学院历史研究所最新科研成果(十二):《毛泽东晚年过眼诗文录》(王守稼、吴乾兑、刘修明等校对注释,花山文艺出版社版);《巫术的兴衰》([英]基斯·托马斯著,芮传明译,上海人民出版社版)

1994年第2期(总第34期),1994年6月

目录

"枭雄"刘备的起家与"争盟淮隅"(方诗铭)

上巳节沐浴消灾习俗探研(吕静)

状元盛名与传统社会运行结构(马学强)

石达开"自述"质疑(孟彭兴)

论洋务运动与德国(郑宗育、易文君)

太平洋战争期间美国对华军事战略(何桂全)

上海法租界会审公廨(张铨)

论当代华侨华人经济的发展趋势(张鸿奎)

犹太复国主义在上海的兴衰及其活动特点(潘光)

克什米尔争端及其与中国的关系(余建华)

用孙子兵法指导企业管理与商业竞争(杨善群)

《乘桴新获——从戊戌到辛亥》评介([日]山根幸夫著,承载译)

书评:学习的工具,知识的海洋——《孙子兵法辞典》简介(黄朴民)

英文目录

上海社会科学院历史研究所最新科研成果(十三):《戊戌时期的学会和报刊》(汤志钧著,台湾商务印书馆版);《中国近代民主思想史》日文版(熊月之著,依田憙家译,日本信每书籍出版社版)

1994年第3期(总第35期),1994年9月

目录

论明初对洪武政治的批评——方孝孺的政治理想与建文帝的政策改革(王家范、程念祺)

南宋临安房屋租赁述略(田中初)

本刊稿约和征订启事(《史林》编辑部)

"胡马"与中国的文化生活(芮传明)

唐、五代时期中国瓷器的外销及其生产(任荣兴)

论钟天纬——中国近代化和富强之路的探索者(李华兴)

"留学界之大敌"吴嘉善的再评价——兼析容闳与吴嘉善之冲突(李志茗)

论蔡元培"兼容并包"的教育思想——蔡氏《中学修身教科书》评析(齐国华)

项英与上海工人运动(马军)

上海第三产业历史之再考察(陈正书)

外资在东亚和拉美战后经济发展中的历史作用(张和声)

论豪萨圣战与北尼日利亚的社会变迁(李忠人)

论米涅及其法国大革命史研究(杨彪)

海外书讯:美国《中国史研究》(季刊)出版《1919—1949上海社会运动》专辑(田耳)

英文目录

上海社会科学院历史研究所最新科研成果(十四):《中国遗书精选》(周武辑著,华东师范大学出版社版);《历史学家的技艺》([法]马克·布洛赫著,张和声、程郁译,上海社会科学院出版社版)

1994年第4期(总第36期),1994年12月

目录

中国饮酒习俗与古代社会(孟彭兴)

买卖中间商"牙人"、"牙行"的历史演变——兼释新发现的《嘉靖牙帖》(杨其民)

活泼泼的大生命,活泼泼的心——钱穆历史观要义疏解(罗义俊)

邵力子与早期上海工人运动(陈卫民)

上海沦陷时期"伪工会"述评(饶景英)

论建国后工人运动的三次挫折(王建初)

论1895—1927年上海都市郊区市镇的变化(罗苏文)

日本居留团和上海日侨子弟学校(吴健熙)

君主立宪制:英国的历史选择(王宇博)

试论希特勒的世界观(叶江)

战前日本的上海史研究述略——从语言学家新村出谈起
([日]野泽丰著,吴健熙译)

关于"华人与狗不得入内"问题(张铨)

《中国近代民主思想史》解说([日]依田熹家著,甘慧杰译,王沛芳校)

明清无锡《鱼鳞图册》简介(冯丽蓉)

书评:求实·开拓·创新——《中国文化与海外交通》一书评介(张定一)

英文目录

上海社会科学院历史研究所最新科研成果(十五):《中国宗族制度新探》(钱杭著,香港中华书局版);《宗教生活的基本形式》([法]D. A. 涂尔干著,芮传明、赵学元译,台北桂冠图书股份有限公司版)

1995 年

1995 年第 1 期(总第 37 期),1995 年 3 月

目录

战国秦汉的"赵女"是"邯郸倡"及其在政治上的表现(方诗铭)

论东南沿海城市与中国近代化(熊月之、潘君祥、沈祖炜、罗苏文)

中国城市发展的质变:曹魏的邺城和南朝城市群(吴刚)

神庙祭典与社区发展模式——莆田江口平原的例证(郑振满)

上海潮人研究三题(宋钻友)

论人口流动与区域社会经济发展——1368—1911年江南地区分析(马学强)

论中日封建土地制度之区别(王少普)

儒学的衍变和清代士风(杨国强)

上海日本人居留民关系年表(明治编)(高纲博文、陈祖恩)

希腊化与拜占廷帝国(沈坚)

本世纪第一次民族主义浪潮的背景与特征(余建华)

本刊扩版启事(《史林》编辑部)

重要补正(《史林》编辑部)

英文目录

上海社会科学院历史研究所最新科研成果(十六):《西学东渐与晚清社会》(熊月之著,上海人民出版社1994年版)

1995年第2期(总第38期)(纪念抗日战争暨世界反法西斯斗争胜利50周年特辑),1995年6月

目录

国难与中国基督教(顾卫民)

国民政府战时统制经济政策论析(虞宝棠)

抗日民族统一战线领导权新论(王仰清)

抗日民主根据地教育特色论(陈祖怀)

甲午战争、日俄战争与清末政治([日]曾田三郎著,刘世龙译)

抑商质疑——兼论中国古代的赋税制度(陈长华)

论明代商品经济发展对传统劝农政策之影响(孟彭兴)

论林则徐与中国近代"开民智"(齐国华)

在西学与中学之间——汤寿潜思想述论(陈同)

熊十力和近代文化(周澄宇)

布克哈特的社会文化史观(秦颖)

高加索民族冲突的热点——车臣、俄罗斯对垒溯源(邓新裕)

古代中国史研究的新突破——读钱杭著《周代宗法制度史研究》(李向平)

英文目录

上海市哲学社会科学优秀成果奖本所获奖情况介绍

1995 年第 3 期(总第 39 期),1995 年 9 月

目录

论汉人宗族的内源性根据(钱杭)

儒家举贤才思想的科学内涵及对当代社会的指导意义(钱宗范)

古代蛇形纹饰考(芮传明)

汇集秦史研究的最新成果——新版《秦会要》的订正与充实(杨善群)

诸葛亮北伐曹魏目的论析(李兴斌)

宋元时期中国瓷器外销述略(任荣兴)

日本下级武士改革派与太平天国领导人对外关系之比较(严镱钰)

孙中山与早期广州工人运动(陈卫民)

试论陈云与苏区工人经济斗争(戴文宪)

论日本侵华战争的残酷性、掠夺性和破坏性——以日本侵华战争时期在上海所犯罪行为例(张铨)

马相伯晚年宗教生活与思想(李天纲)

移民与上海地名的变迁(张鸿奎)

近现代上海卢湾区同乡移民团体的考察(曹峻、方福祥)

略论中国茶文化在欧洲的传播(沈立新)

托马斯·潘恩政治思想初探(张和声)

英文目录

上海社会科学院历史研究所最新科研成果(十七):《徐霞客与山水文化》(郑祖安、蒋明宏主编,上海文化出版社版);《理性与生命——当代新儒家文萃》(罗义俊、陈克艰编,上海书店1993、1994年版)

1995年第4期(总第40期),1995年12月

目录

《通鉴释例》三十六例的新发现(邬国义)

牛李党争和李商隐的《无题》诗(刘修明)

《焦氏笔乘》公案与嘉靖学术思想(何泉达)

经国济世,培养史心——钱宾四先生新儒学史学观论略(罗义俊)

牟宗三与康德哲学散论(陈克艰)

辜鸿铭与张之洞(张敏)

欢迎订阅《档案与史学》

关于近代东南沿海城市交通投资取向问题之考察(陈正书)

宗教与集体:结构与实践([美]苏拉米兹·帕特、杰克·帕特著,杨榕生译,钱杭校)

论普鲁士道路产生的历史条件及其历史正当性(孙炳辉)

朝鲜三一运动和我国五四运动的比较研究(崔志鹰)

书评:当代第一部儒学通史——评《中国儒学》(张宗尧)

札记:"彼君子兮"新解(周其贵)

英文目录

上海社会科学院历史研究所最新科研成果(十八):《孙子兵法今用》(杨善群著,香港昆仑制作公司版);《费正清看中国》([加]保罗·埃文斯著,陈同、罗苏文、袁燮铭、张培德译,上海人民出版社版)

1996 年

1996 年第 1 期(总第 41 期),1996 年 3 月

目录

中国古代的国家规模、组织形式与社会经济的几个问题(程念祺)

明代漕运中的商业活动(赵全鹏)

论陈宝琛的忠君与爱国(丁凤麟)

从行乞孤儿到桂系首领——试论陆荣廷发迹的原因(廖大伟)

从传播欧洲思想到回归传统文化——《甲寅》时期章士钊思想研究(李华兴)

丁文江任职淞沪总办浅议(刘启峰、肖宁)

张元济佚文小识(承载)

蒋介石与上海交易所——股票经纪人时期([日]横山宏章著,段梅译)

中国近代女子教育述论(陈祖怀)

试论近代上海文化之特征(周学军)

日本"南方军"史略——兼论"二战"期间日本陆军力量的滞后(马军)

"民族万岁"——十八世纪法国大革命中的民族主义(李宏图)

贝尔福宣言诸问题评述(余建华)

英文目录

上海社会科学院历史研究所最新科研成果(十九):《传统与转型:江西泰和农村宗族形态——一项社会人类学的研究》(钱杭、谢维扬著,上海社会科学院出版社版);《刘海粟年谱》(袁志煌、陈祖恩编著,上海人民出版社版)

1996年第2期(总第42期),1996年6月

目录

论中华民族神话系统的构成及其来源(田兆元)

论早熟封建商品经济对中国社会发展的影响——关于春秋战国时期商品经济高速发展的分析(孟彭兴)

从汉墓合葬习俗看汉代社会变化轨迹(李如森)

略论王莽的法制活动及其历史地位(华友根)

明清福建与江南义田的比较研究(王日根)

教养有道勃然兴——论郑观应与"开民智"(齐国华)

论曾国藩的人才观——兼析曾胜洪败之因(郑云山)

论苏中战役的战略意义(吉光)

侵略战争的代价——二次大战期间德及其仆从国家军队兵源损失新探(续建宜)

论一九四八年初上海申新九厂大罢工(郑庆声)

试论"二九"斗争的经验教训(陈卫民)

近代上海城市土地永租制度考源(陈正书)

开埠初期上海的建筑([英]T·W·金斯密著,江冬妮译,钱宗灏注)

论中国传统思想对日本近代思想形成的促进作用(李秀石)

犹太人的中国缘——试析犹太人两次来华的不同经历(虞卫东)

书评:读一部磨剑十五年的史学论著——评《魏晋南北朝选官体制研究》(刘修明)

宋代南方少数民族的婚俗(杨师群)

英文目录

上海社会科学院历史研究所最新科研成果(二十):《东西纹饰比较》(芮传明、余太山著,上海古籍出版社版);《中国古代的饮茶与茶馆》(刘修明著,商务印书馆国际有限公司版)

1996年第3期(总第43期)(庆祝上海社会科学院历史研究所成立四十周年专辑),1996年9月

目录

"汉祚复兴"的谶记与原始道教——晋南北朝刘根、刘渊的起义起兵及其他(方诗铭)

论古代丝绸输出之非贸易性(芮传明)

经史纠误和辩明真伪(汤志钧)

晚清的疆吏和王纲(杨国强)

留学教育与近代中国(李华兴、陈祖怀)

王韬《蘅华馆日记》(咸丰五年七月初一——八月十三日)(吴桂龙整理)

简论林乐知与《万国公报》(李天纲)

张元济与近代文化(周武)

在传统与近代化之间——蔡元培文化思想再论(蔡建国)

清末地方社会教育行政机构的形成——苏、浙、皖三省各厅、州、县教育行政机构的状况([日]高田幸男著,甘慧杰译,承载校)

对中央红军长征几则问题的考辨(马军)

卓荦孤怀身殉道——《陈寅恪最后的二十年》读后(唐振常)

经学与史学——读陈寅恪札记(陈克艰)

历史上的上海形象散论(熊月之)

《长春园集》抄本和明代上海地区御倭事迹考略(承载)

开埠初期上海英美租界外侨的一些情况(郑祖安)

一个传统商帮的近代变迁——苏州洞庭帮在上海(马学强)

清末民初女性妆饰的变迁(罗苏文)

孔子影响在国外——韩、日、美三国儒学纵览(沈立新)

韩国独立党的三均主义与孙中山的三民主义之比较(崔志鹰)

编后记(《史林》编辑部)

英文目录

上海社会科学院历史研究所最新科研成果(二十一):《现代上海大事记》(任建树主编,张铨、罗苏文副主编,上海古籍出版社版);《十七世纪江南社会生活》(钱杭、承载著,浙江人民出版社版)

1996年第4期(总第44期),1996年12月

目录

中国历代外戚封爵食禄制度述论(朱子彦)

楚国在西周初年的变迁(杨善群)

周代燕君世系考辨(曲英杰)

陆贾和岭南(刘修明)

秦汉郡国农官考实(仝晰纲)

明清江南商品经济与分配结构关系探析(孙竞昊)

陈化成与吴淞战役考实(李国环)

文史资料整理出版必须坚持存真求实(章念驰)

南京中央军校初探(华路)

一个传统组织在城市近代化中作用——上海广肇公所初探(宋钻友)

论上海开埠初期的通事和买办(吴桂龙)

鲁迅眼中的上海(叶斌)

论钱穆与中国文化(罗义俊)

论美国史学理论取向(张广勇)

美墨关系史简论(张家哲)

书评:一部上海公路运输的百科全书——读《上海公路运输志》(熊月之)

《史林》1996年总目

英文目录

上海社会科学院历史研究所最新科研成果(二十二):《上海工人运动史》下卷(沈以行、姜沛南、郑庆声主编,辽宁人民出版社版);《孙子》(杨善群著,台湾知书房出版社版)

1997 年

1997 年第 1 期(总第 45 期),1997 年 3 月

目录

论汉武帝的人才观(吴刚)

论宋人长编体当代史的崛起(孙建民)

论两宋进口香药对宋人社会生活的影响(孟彭兴)
清代的功名与富贵(杨国强)
对外贸易与近代国货产销(樊卫国)
浙江知识阶层的觉醒与清末兴学(仲玉英)
《民立报》有关陆荣廷报道述评(傅德华)
中国第一个大型记者团访日记实(汪幼海)
近代城市中的文化张力与"视野交融"——清末上海"双视野人"的分析(梁元生)
近代城市社会·经济·空间——"近代中国城市发展史国际学术讨论会"综述(严文军)
试评"恺撒神话"(郭长刚)
诺曼西西里:中古地中海世界的一页(沈坚)
上海工运史研究的一座丰碑——读《上海工人运动史》(下卷)(余子道)
英文目录
上海社会科学院历史研究所最新科研成果(二十三):《女性与近代中国社会》(罗苏文著,上海人民出版社版)

1997年第2期(总第46期),1997年6月

目录
探索中国古代社会特点及其发展规律——四十年治史的总结(田昌五)
古代"和亲"利弊论(芮传明)
两汉之际的历史选择——论刘秀(刘修明)

黄巾起义的一个道教史的考察(方诗铭)

仁宗朝刘太后专权与宋代后妃干政(祝建平)

古代浙江地区对外贸易述略(姚文仪)

黄炎培与穆藕初——近代企业界与教育界携手奋斗之典范(陈正书)

宁波商文化发展史初探(陈梅龙)

李立三与上海工人运动(陈卫民)

路、里、楼——近代上海商业空间的拓展(罗苏文)

日本的公羊学研究(汤仁泽)

南非种族隔离制度的兴废(余建华)

上海和哈尔滨犹太圣裔社述略(房建昌)

《侈靡》篇中商业利润率辩证(何泉达)

一代启蒙学者的心路历程(李宗桂)

英文目录

上海社会科学院历史研究所最新科研成果(二十四):《东南沿海城市与中国近代化》(张仲礼主编,上海人民出版社版);《中国工运史论》(沈以行、姜沛南、郑庆声主编,辽宁人民出版社版)

1997 年第 3 期(总第 47 期),1997 年 9 月

目录

试论中国古代土地制度的公有、私有与国有问题(程念祺)

坚持运用改革手段推动社会进步——论周公的历史功绩(杨善群)

魏晋名士玄学理想的生活展开(周学军)

试论宋代对台谏系统的监控(虞云国)

《南京条约》与中国士大夫散论(沈渭滨)

清末新政:历史进化中的社会圮塌(杨国强)

中西基督教徒与五卅运动(邵雍)

卢沟桥事变:历史的转折点(李华兴、杨宏雨)

晚清上海地区学术史述论(张敏)

试论托克维尔的历史观(詹兆平)

马其顿历史演变中的几个问题(姚勤华)

王韬是教徒吗?(杨其民)

许思园:一个被湮没的现代学人(王家范)

历史具体和理论"态度"——评《明清徽商与淮扬社会变迁》(陈克艰)

英文目录

上海社会科学院历史研究所最新科研成果(二十五):《儒生与国运》(刘修明著,浙江人民出版社版);《孙膑》(杨善群著,台湾知书房出版社版)

1997年第4期(总第48期),1997年12月

目录

论士与中国传统文化——钱穆的中国知识分子观(古代篇)(罗义俊)

论法家的"法治"及其法律思想(杨师群)

张衡的科学思想与技术实践(李啸虎)

论明清时期松江府的经济特色(马学强)
明清庶吉士制度述论(吴仁安)
"大同学"和《礼运注》(汤仁泽)
梁漱溟乡村建设思潮述评(朱义禄)
无锡近代六大资本集团崛起的成功经验(林本梓)
变被动为主动:八一三抗战的爆发(廖大伟)
朱德对华北抗日民族统一战线的独特贡献(胡光)
上海工部局公务员制度考察(陆文雪)
二三十年代上海主要产业职工工资级差与文化水平(张剑)
"容易伤生笔一枝":吴趼人在上海的生活和经历(甘慧杰)
"形散而神不散"——犹太民族内聚力探源(虞卫东)
近千年来伦敦犹太社团的沉浮与沧桑(邓新裕)
浅谈我国古代注释方法的种类及其演变(简文晖)
资料翔实,脉络清晰——读《中国皇帝制度》(薛明扬)
英文目录
上海社会科学院历史研究所最新科研成果(二十六):《传世藏书·子库·杂记类、文史笔记类》

1998 年

1998 年第 1 期(总第 49 期),1998 年 3 月

目录
关于社会历史认识的若干思考(王家范)
论清代俸给制度的嬗变(李志茗)

试论王国维的"境界说"(李世众)

胡适派学人群与现代中国自由主义的趋向(章清)

维新运动时期的澳门《知新报》(汤仁泽)

中国耶稣教自立会述评(张化)

从白银危机看1936年中美货币协定签订的得失(仇华飞、张磊)

1927:上海市民自治运动的终结(李天纲)

上海日本人居留民的子弟教育(陈祖恩)

简评上海道契档案的史料价值(陈正书)

罗伯特·圭斯卡德与南意诺曼人的冒险事业([英]爱德华·吉本著,沈坚译)

中世纪塞法迪文化探略(余建华)

英文目录

上海社会科学院历史研究所最新科研成果(二十七):《中国近代城市企业·社会·空间》(张仲礼主编,上海社会科学院出版社版);《民国教育史》(李华兴主编,上海教育出版社版)

1998年第2期(总第50期),1998年6月

目录

戊戌维新与社会变迁(笔谈)(唐振常、沈渭滨、李华兴、杨国强、熊月之)

戊戌辛亥间文化思想与政治(汤志钧)

论中国古代土地国有制基础的不稳定性(程念祺)

论儒家经济思想的社会立场(陈长华)

16、17世纪江南社会之丕变及文人反应(孟彭兴)

戴震人性论发微(施扣柱)

明清时期上海地区学风的嬗变(马学强)

中国近代城市用语的变化(郑祖安)

1876年皖北宿州等地捻党起义(郭豫明)

张元济与五四新文化运动(周武)

论影响近代中国银行资本产业化趋势发展之因素(李一翔)

哈尔滨犹太社区新探(王健)

公共空间与公民团体——对希腊城邦的一项宗教文化学的分析(吴晓群)

近代汉语词汇史研究动态(越之)

英文目录

上海社会科学院历史研究所最新科研成果(二十八):《百年嬗蜕——中国近代的士与社会》(杨国强著,上海三联书店版);《老上海名人名事名物大观》(熊月之主编,上海人民出版社版)

1998年第3期(总第51期),1998年9月

目录

重新认识传说时代的古史系统(田兆元)

何晏在曹魏高平陵政变前后(方诗铭)

唐代摩尼教传播过程辨析(芮传明)

论明清时期苏州梨园文化(李嘉球)

明清上海的戏园与娱乐生活(许敏)
中国近代社会史研究中的几个问题(乔志强、行龙)
关于同姓联宗组织的地缘性质(钱杭)
各省都督府代表联合会述论(廖大伟)
熊希龄与近代湖南瓷业发展(宋钻友)
金陵大学农学院与中国农业近代化(张剑)
史学的科学化:从顾颉刚到傅斯年(杨国荣)
浅析德罗伊生的史学思想(秦颖)
古代犹太教育的发展及其特征(张和声)
英文目录
上海社会科学院历史研究所最新科研成果(二十九):《陈旭麓文集》四卷本(熊月之、周武编,华东师范大学出版社版);《钻天洞庭》(马学强著,福建人民出版社版)

1998年第4期(总第52期),1998年12月

目录
论南北朝时期南北双方的主要战争及其影响(杨天亮)
从霍光的政治行为看中国古代权臣的基本特征(江建忠)
驳刘逢禄《左氏》不传《春秋》说(路新生)
王国维与梁启超(亓曙冬、陈同)
论20世纪30年代前中国币制紊乱的特征与弊端(贺水金)
上海开埠初期伦敦会发展的基督教徒分析(叶斌)
从清末禁烟运动看上海华界的社会管理机制(甘慧杰)
论晚清上海外侨人口的变迁(吴桂龙)

20世纪20—30年代上海的社会教育(庄志龄)

民国时期上海租界问题述论(张培德)

古希腊时期战争与社会的关系(詹兆平)

略论培根的史学思想及其在史学史上的地位(许苏明)

从回归圣山到以色列建国——论犹太复国主义之路(虞卫东)

战国辩士析(顾炎甫)

古厩忠夫谈日本的上海史研究(陆文雪整理)

迁址启事(《史林》编辑部)

《史林》1998年总目录

英文目录

上海社会科学院历史研究所最新科研成果(三十):《古突厥碑铭研究》(芮传明著,上海古籍出版社版);《二十五史新编(魏书、北齐书、周书、隋书)》(芮传明撰,上海古籍出版社版)

1999年

1999年第1期(总第53期),1999年3月

目录

曹操及其家庭生活——兼论曹操的"立嗣问题"(方小芬)

荆门城南三国长坂坡遗址考辨(陈楚云)

摩尼光佛寺(马小鹤)

明清太湖地区文化发展刍议(孟彭兴)

明代福建市镇述略(徐晓望)

清代江南市镇慈善事业(王卫平)
试论晚清上海服饰风尚与社会变迁(张敏)
晚清几个政治词汇的翻译与使用(熊月之)
上海工部局食品卫生管理研究(1898—1943)(陆文雪)
五四运动和日本(汤仁泽)
在自由境界中遨游——读陈旭麓《浮想录》(姜义华)
凯尔特人在西欧的播迁(沈坚)
20世纪前亚欧关系历史演变考析(姚勤华、余建华)
英文目录
上海社会科学院历史研究所最新科研成果(三十一):《"中国礼仪之争":历史、文献和意义》(李天纲著,上海古籍出版社1998年版);《春秋穀梁传译注》(承载撰,上海古籍出版社1998年版)

1999年第2期(总第54期),1999年6月

目录
上海社会科学院历史研究所最新科研成果(三十二):《百年上海城》(郑祖安著,学林出版社1999年版);《族谱:华南汉族的宗族·风水·移居》([日]濑川昌久著,钱杭译,上海书店出版社1999年版)
英文目录
上海学研究笔谈(陈旭麓、唐振常、沈渭滨、熊月之、姜义华)
清代上海会馆公所及其在地方事务中的作用(张忠民)
论晚清上海的洋商与传教士(周武)

萧吉与《五行大义》(钱杭)

"五种忌"研究——以云梦秦简《日书》为中心(金良年)

简论明末清初耶稣会著作在中国的流传([比利时]钟鸣旦(Nicolas Standaert)、杜鼎克(AdDudink)著,尚扬译)

"盛世危言"——《叫魂》读解(刘昶)

明清政府投资办学述论(崔恒秀、王建华)

略论姚文栋边防思想及实践(张敏)

论二十至四十年代初"五四"精神的认同与变异(汪乾明、邹秀英)

对"中国战场决定性地位"的再思考(马军)

试论荷马社会的性质(郭长刚)

英国、美国与"九·一八"事变(王宇博)

广告:上永牌彩管

1999年第3期(总第55期),1999年9月

目录

论宋代江南之"吃菜事魔"信仰(芮传明)

启事(《史林》编辑委员会)

龚孝拱事迹考(叶斌)

史林拾叶:关羽"赤兔""不食而死"原型(盛巽昌)

"翁同龢荐康"说质疑——从"康有为之才胜臣百倍"说起(马忠文)

徽州学研究的对象、价值、内容与方法(唐力行)

从苏州碑刻看女性的家庭与社会生活(张翔凤)

清末民初一代学子弃理从文现象剖析(张剑)

建国初上海赈灾研究(承载)

晚清上海公共租界政权运作机制述论(袁燮铭)

史林拾叶:"天父第六女"杨宣娇沉浮(盛巽昌)

上海的民族主义运动与朝鲜人——五卅运动剖析([韩]孙安石撰,陈祖恩译)

试论犹太人与近代上海经济(王健)

美国所得税的起源与有关宪法修正案的创立(高芳英)

海外史学名著评介:莫里斯·弗利德曼与《中国宗族与社会:福建和广东》(钱杭)

傅斯年和《国立中央研究院历史语言研究所集刊》(朱守芬)

书评:透视近代中外关系的一部力作——评季平子《从鸦片战争到甲午战争》(黄玮)

史林拾叶:沐英之死(盛巽昌)

英文目录

广告:上永牌彩管

1999年第4期(总第56期),1999年11月20日

上海社会科学院历史研究所最新科研成果(三十三):15卷本《上海通史》正式出版

目录

英文目录

中国传统社会农业产权辨析(王家范)

论中国古代经济史中的市场问题(程念祺)

史林拾叶:捻军长矛说(盛巽昌)
论常州学派兴起的社会条件(汤仁泽)
史林拾叶:萧三发其人(盛巽昌)
江南士夫与昆腔(何泉达)
启事(《史林》编辑委员会)
早期天主教与明清多元社会文化(李天纲)
中国纺织机器制造公司历史再考察(朱婷)
论近现代中国"文明"、"文化"观的嬗变([德]方维规)
简论丁韪良(孙邦华)
吴承仕和《文史》、《盍旦》(朱守芬)
海外史学名著评介:研究上海道台的力作——介绍《上海道台研究:转变社会中之联系人物,1843—1890》(熊月之)
《托拉》与犹太教育(张和声)
国际著名学术机构研究动态:日本东洋文库1999年学术活动简介(离石)
"现代中国之文化资源、企业与社会"学术研讨会简讯(张敏)
书评:宫花寂寞红——评朱子彦著《后宫制度研究》(徐连达)
广告:上永牌彩管

2000年

2000年第1期(总第57期),2000年2月20日

上海社会科学院历史研究所最新科研成果(三十四):《张元济:书卷人生》(周武著,上海教育出版社1999年版);

《历代名画记全译》(〔唐〕张彦远撰,承载译注,贵州人民出版社1999年版)

目录

英文目录

论通谱(钱杭)

论春秋晋国宗族组织间的政治关系(张有智)

唐宋至明清时期广西的屯田制度(覃雪源)

江阴人文风貌的历史考察(孟彭兴)

讣告(上海社会科学院历史研究所)

早期天主教与明清多元社会文化(续)(李天纲)

论浙江帮钱业集团(陶水木)

启事(《史林》编辑委员会)

书生论兵中的真知灼见——1860年前后王韬军事思想概述(单弘)

一份沙船约据(王纯)

史林拾叶:阮籍"时无英雄"解(盛巽昌)

王国维与上海(陈同)

赛珍珠和林语堂(张德文)

欢迎订阅《史林》

陈寅恪先生治史方法(唐振常)

顾颉刚与《禹贡半月刊》(朱守芬)

马克思主义?民族主义?——1948年苏南冲突的再审视(金重远)

论加拿大魁北克问题的历史演进(余建华)

史林拾叶：吴歌《月儿弯弯照九州》说（盛巽昌）

魏斐德与《上海警察》（周武、张剑）

国际著名学术机构研究动态：日本京都大学人文科学研究所创立70周年纪念（离石）

广告：上海交大南洋学校（金山）

广告：上海恒通织造有限公司

2000年第2期（总第58期），2000年5月20日

上海社会科学院历史研究所最新科研成果（三十五）：《当代学者自选文库·唐振常卷》（安徽教育出版社1999年版）；《蔡元培传》（唐振常著，上海人民出版社1999年重版）

目录

英文目录

帝国时代商人的历史命运（王家范）

许倬云《汉代农业》商榷（程念祺）

史林拾叶：岳母和岳母教子移植（盛巽昌）；岳飞怕史官（盛巽昌）

陈东与靖康学潮（程兆奇）

常州人文初探（汤仁泽）

晚清新型文化人生活研究——以王韬为例（张敏）

蔡元培与中国科学社（张剑）

柳诒徵和《史学杂志》（朱守芬）

慈惠与市政：清末上海的"堂"（梁元生）

辛亥革命后的"剪辫易服"潮（邱巍）

新文化运动儒学批判的三点反思(陈祖怀)
史林拾叶:宋人绰号多用"大刀"(盛巽昌)
试近代中外资企业间的竞争类型与方式(贺水金)
海外史学名著评介:一部研究同乡团体的佳作——读顾德曼教授的《籍贯、民族和城市》(宋钻友、叶斌)
学术动态:"纪念蔡元培先生逝世六十周年座谈会"综述(斯麟辩)
广告:上海交大南洋学校(金山)
广告:上海恒通织造有限公司

2000年第3期(总第59期),2000年8月20日

上海社会科学院历史研究所最新科研成果(三十六):《上海地图集——150年的城市形象》([法]安克强、[中]郑祖安合著,法国巴黎国家科研中心出版社1999年版)
目录
英文目录
口述史的价值(熊月之)
上海法租界巡捕房与三十年代的上海政治(一)(薛耕莘口述,王仰清、张鸿奎整理注释)
一个洋行职员的经历(毛履亨口述,宋钻友整理)
"萨宝"的再认识(芮传明)
"肉佛、骨佛、血佛"与"夷数肉血"考——基督教圣餐与摩尼教的关系(马小鹤)
中国古代对军事术数和兵阴阳家的批判(邵鸿)

明代人口"北增南减"现象研究(陈剩勇)

徐霞客的乐观性格和健康体质(郑祖安)

海外史学名著评介:莫里斯·弗利德曼与《中国东南部的宗教组织》(钱杭)

史林拾叶:天京有计划的突围(盛巽昌)

论郭嵩焘的外交理论及实践(李志茗)

陈虬政治思想的演变(周文宣)

归国留学生与上海华资银行业的进步(何益忠)

辛亥议和地点的变动及其原因(廖大伟、高红霞)

史林拾叶:误把壮年作少年——谈张良圯上拾履时年龄(盛巽昌)

吴宓与《学衡》杂志(朱守芬)

书评:亦史亦志,求实创新——评《明清以来苏州社会史碑刻集》(徐茂明)

广告:上海交大南洋学校(金山)

广告:上海恒通织造有限公司

2000年第4期(总第60期),2000年11月20日

上海社会科学院历史研究所最新科研成果(三十七):《承传立新——陈寅恪先生之学》(唐振常著,香港商务印书馆2000年版);《史海寻渡》(唐振常著,香港天地图书出版公司2000年版);《香江论学集》(唐振常著,复旦大学出版社2000年版);《唐振常散文》(唐振常著,浙江文艺出版社2000年版)

目录

英文目录

史汉历志初读(陈克艰)

魏晋南北朝时期的占卜谶言与佛教(严耀中)

十六国北魏时期的"夷夏之辨"(陈友冰)

史林拾叶:范晔《后汉书·邓禹传》(盛巽昌);古中国冰城拒敌作俑者(盛巽昌)

读《檄吴将校部曲文》(方诗铭)

论元代对江南的开发——江南区位简论(何泉达)

史林拾叶:"郑成功"为组合符号(盛巽昌)

论科举制度的公正和效率(唐克军)

启事(《史林》编辑委员会)

长江沿江城市与中国近代化(熊月之、沈祖炜)

晚清地方自治思想的输入及思潮的形成(吴桂龙)

王云五简论(郭太风)

解读历史的沉重——评弗兰克《白银资本》(王家范)

一部研究近代上海与日本关系的力作——读《魔都上海:日本知识人的"近代"体验》(甘慧杰)

广告:上海交大南洋学校(金山)

广告:上海恒通织造有限公司

2001 年

2001 年第 1 期(总第 61 期),2001 年 2 月 20 日

上海社会科学院历史研究所最新科研成果(三十八):《三国

人物散论》（方诗铭著，上海古籍出版社2000年版）

目录

英文目录

1900年：新旧消长和人心丕变（杨国强）

上海庚子时论中的东南意识述论（刘学照）

上海法租界巡捕房与三十年代的上海政治（二）（薛耕莘口述，王仰清、张鸿奎整理注释）

史林拾叶：谈章碣《焚书坑》（盛巽昌）

八十回忆（丁景唐口述，朱守芬整理）

吴国桢口述回忆对上海史研究的价值和启示（马军）

史林拾叶：纪昀"投水见屈原"故事来源（盛巽昌）

古代江南持续发展研究（孟彭兴）

鲧堙洪水议——《山海经》一则神话的解释（李德靖）

清代江西溺女状况与禁诫文（肖倩）

"民间执业，全以契券为凭"——从契约层面考察清代江南土地产权状况（马学强）

清代前期的户籍与赋役（聂红琴）

悼念岛田虔次先生（[日]森纪子撰，汤仁泽译）

无惧地解剖日本人的精神世界——读《南京大屠杀与日本人的精神构造》（程兆奇）

海外史学名著评介：研究近代上海公共性与国家关系的新作——小浜正子《近代上海的公共性和国家》介绍（葛涛）

深刻的见解，精微的辨析——《三国人物散论》读后感（芮

传明)

《史林》2000年目录

广告：上广电

2001年第2期(总第62期),2001年5月20日

上海社会科学院历史研究所最新科研成果(三十九)：《太平天国史迹真相》(周武、张剑等著,华东师范大学出版社2000年版)

目录

英文目录

戊戌的思想启蒙和辛亥的革命风暴(汤志钧)

辛亥革命与东南社会(笔谈)(姜义华、沈渭滨、苏智良、杨国强、熊月之、刘学照)

理学"贞节观"、寡妇再嫁与民间社会——明代南方地区寡妇再嫁现象之考察(陈剩勇)

史林拾叶：王守仁焚书信有史为据(盛巽昌)

扬州学派与苏南学人(承载)

范礼安与早期耶稣会远东(中国与日本)传教(顾卫民)

史林拾叶：曾国藩轻视清室心理(盛巽昌)

戊戌到辛亥期间的张元济(张人凤)

钱玄同与胡适(董德福)

抗战前南京国民政府与商会关系(张福记)

从稿费制度的实行看晚清上海文化市场的发育(张敏)

犹太人对上海经历的回忆([美]维拉-施瓦克兹撰,金彩红

编译)

史林拾叶:明代皇帝子女多夭折(程志强)

海外史学名著评介:研究上海苏北人的力作——韩起澜《上海苏北人》评介(邵建)

上海社会科学院历史研究所资料室珍藏"西文汉学旧籍"简介(一)(马军)

广告:上广电

2001年第3期(总第63期),2001年8月20日

目录

英文目录

讲述中国历史([美]魏斐德著,梁禾译)

学术简讯:"历史人类学的理论与实践"学术研讨会在广州中山大学举行(朱守芬)

太平天国史研究的十大问题(沈渭滨)

太平天国与近代中国的历史变迁(杨国强)

太平天国与江南社会变迁散论(周武)

略说"小天堂"的悲剧(熊月之)

略论太平天国上帝教对基督教的认同(王国平)

我记忆中的芦胜村(金祖权口述,杨晓芬整理注释)

论古代民间教团之变(芮传明)

稿约(本刊编辑部)

部分正史《西域传》所见西域山水(余太山)

略论宋代的"恢复"情结(程兆奇)

江南"访行"的兴起、结构及功能(申浩)

从《瀛环考略》到《瀛环志略》(田一平)

曾国藩法律思想述略(华友根)

论国民党要人在"非基督教运动"中的立场(袁蓉)

史林拾叶:国庙与家庙(钱杭)

西部开发与美国精神(高芳英)

海外史学名著评介:文化的多元性与政治的极端化——叶文心《疏离的学院:1919至1937年中华民国的文化与政治》简介(叶斌)

书评:徽州及其以外的世界:一种整体的区域史研究——读《明清以来徽州区域社会经济研究》(王健)

书评:二十世纪上海城市发展的生动缩影——《淮海路百年写真》评介(刘学照)

上海社会科学院历史研究所资料室珍藏"西文汉学旧籍"简介(二)(马军)

广告:上广电

2001年第4期(总第64期),2001年11月20日

上海社会科学院历史研究所最新科研成果(四十):《五行大义》(〔隋〕萧吉著,钱杭校点、校刊,上海书店出版社2001年版)

目录

英文目录

酋邦与"中央集权"(易建平)

稿约(本刊编辑部)

关于上海通志馆的回忆(胡道静口述,袁燮铭整理注释)

有道变无道:春秋晋国史中最生动的一页(张有智)

"孔子问礼"发微——春秋时期政治架构建设的理论探讨及
　　其社会实践(陈祖怀)

魏晋南北朝养老与敬老风俗(张承宗)

松江历史和松江府建置沿革述略(何泉达)

上海辛亥志士姚勇忱史略(陈梅龙)

中国近代经济的政治性周期与逆向运作(杜恂诚)

史林拾叶:诸葛亮没有说"虎踞龙盘"(盛巽昌)

上海潮商的行业分布——纺织、钱庄、进出口业(宋钻友)

1946—1948年美棉输入问题之考察(朱婷)

对第二次四明公所事件中诸现象之考察(吴健熙)

《食货半月刊》与陶希圣(朱守芬)

书评:时事新报馆《革命文牍类编》评介(丁凤麟)

读《民国绿林史》(高红霞)

札记:"三寸丁谷树皮"臆解(钱文忠、王海燕)

关于"烛影斧声"之"斧"(钱杭)

上海社会科学院历史研究所资料室珍藏"西文汉学旧籍"简
　　介(三)(马军)

《史林》2001年总目录

广告:上广电

2002 年

2002 年第 1 期(总第 65 期),2002 年 2 月 20 日

广告:上广电

上海社会科学院历史研究所最新科研成果(四十一):《血缘与地缘之间:中国历史上的联宗与联宗组织》(钱杭著,上海社会科学院出版社 2001 年版)

目录

英文目录

从晋侯墓地论商周墓地制度的几个问题(高智群)

论明清时期官商一体化的作用和影响(孙丽萍)

明太祖的三教思想、政策及其影响(程志强)

黄虞稷家世及生平考略(李庆)

徽商在上海市镇的迁徙与定居活动(唐力行)

忠义传说、祭祀圈与祭祀组织——浙江省平阳县腾蛟镇薛氏忠训庙的历史与现实(钱杭)

辛亥前十年的学堂、学生与学潮(马自毅)

马建忠与近代中国海军建设(薛玉琴)

近代上海道契与明清江南土地契约文书之比较(马学强)

更正

20 世纪中国史学思潮研究及相关问题(侯云灏)

研究系知识分子的文化权力及其基础([韩]吴炳守)

传统与现代之间——中国科学社领导群体分析(张剑)

新文化运动初期的人权思想初探(朱华)

沿江城市教育近代化的发生机制与社会背景(施扣柱)

书评:评戴著《中国钱票》(马军)

广告:上广电

2002年第2期(总第66期),2002年5月20日

广告:上广电

目录

英文目录

上博简、郭店简《缁衣》与传本合校补证(上)(虞万里)

"江南金三角"先民的生活习俗(孟彭兴)

北宋魏丕墓志考释(赵振华)

"王杖诏书"与汉代养老制度(臧知非)

宋代高丽宾贡进士考(樊文礼)

清季越南宗室亡隐中国考(羽离子)

大同"三世"和天演进化(汤志钧)

辛亥革命与上海政治地位的提升(廖大伟)

中国关税自主和安格联事件中的日本(单冠初)

民国时期妾的法律地位及其变迁(程郁)

史料学派对中国历史学成长的贡献(荣颂安)

近代上海金融中心地位与南京国民政府之关系(吴景平)

关于俄国民粹主义的几个问题(马龙闪)

书评:应当重视对上海金融史的研究(姜义华)

海外史学名著评介:香港工业化进程中的上海人——黄绍

伦著《移民企业家：上海工业家在香港》(张秀莉)

读史札记：中国科学社年会非全国科学大会——《鲁迅全集》一个注释的订正(李晓羲)

上海社会科学院历史研究所资料室珍藏"西文汉学旧籍"简介(四)(马军)

读史札记：未能当选学部委员的首届中央研究院院士名单考(张剑)

英文摘要

启事(《史林》编辑部)

2001年总目录

稿约

广告：上广电

2002年增刊(总第67期)(辛亥革命与东南社会学术讨论会专刊)，2002年6月20日

《当代上海社会科学学者辞典》正式出版

广告：上广电

目录

出版说明(上海市社会科学界联合会)

论辛亥以来近代国家与近代社会非同步发展的政治整合(姜义华)

辛亥革命：上海城市的特点与地位(熊月之)

试论辛亥前后人的现代化(徐亚芳)

宁波旅沪士绅与上海、宁波的光复(王慕民)

旅沪宁波人与辛亥革命(李瑊)

辛亥革命时期的"江苏统一"——兼论辛亥革命时期的苏沪行政关系(周育民)

从"地方自治"到"联省自治"——《东方杂志》"自治观"简述(洪九来)

辛亥时期上海知识界的国家观念(张元隆)

辛亥前上海行栈对三井洋行的影响([日]川原胜彦)

上海商会绅商体制的瓦解及其影响(郭太风)

孙中山与中日合办汉冶萍借款案(易惠莉)

辛亥革命时期的上海帮会(邵雍)

三寸金莲、天足会及其他(房芸芳)

辛亥前后上海青年妇女的解放运动与从军运动(华强)

上海舆论、话语转换与辛亥革命(刘学照)

简析辛亥革命中的《大陆报》——1911年10月12—31日(胡宝芳)

二十世纪初年知识人的志士化与近代化(杨国强)

解读《申报》广告:1905—1919年([韩]河世凤)

辛亥革命前夕江苏学务总会与地方教育界([日]高田幸男)

辛亥革命的挽歌——鲁迅《哀范君三章》史实证析(段炼)

章太炎不是地主阶级反满派(沈雨梧)

辛亥早期革命志士吴樾思想论略(闵传超)

广告:上广电

2002年第3期(总第68期),2002年8月20日

广告:上广电

目录

英文目录

摩尼教"树"符号在东方的演变(芮传明)

鱼国渊源臆说(余太山)

六朝音乐与舞蹈(张承宗)

南宋时期新学与理学的消长(李华瑞)

明朝江南士夫的俗趣(程念祺)

稿约

论清代分省取士制(夏卫东)

江南的历史内涵与区域变迁(徐茂明)

《清诗纪事初编》略论(秦蓁)

《近世中国学术通变论丛》叙论(严寿澂)

从肇和舰起义看中华革命党军事战略的失误(王友明)

租界与近代上海工业的三大支柱(陈正书)

南京大屠杀札记(之一)(程兆奇)

凝视现代性:三四十年代上海电影文化与好莱坞因素(姜玢)

论卫国战争前苏德经贸关系的政治意义(康春林)

一位留美海军军官与台湾当局决裂的经过(王照龄口述,马军整理注释)

书评:探讨明末"流寇叛乱"的新视点——评吉尾宽『明末の流贼反乱と地域社会』(卜永坚)

英文摘要

广告：上广电

2002年第4期(总第69期),2002年11月20日

广告：上广电

本刊重要启示(《史林》编辑部)

目录

稀世富矿:上海城市社会生活史研究的价值(熊月之)

上海社会生活史的典型意义(李长莉)

"上海城市社会生活史"的三个关键词(钱杭)

近代上海:多元文化的摇篮(罗苏文)

当代上海城市社会与私人生活(承载)

传统上海城镇社会生活刍议(马学强)

抗战时期上海文化人向香港的迁徙(张培德)

中国法律习惯在香港长期存在的历史考察(陈同)

中国中心观的由来及其发展——柯文教授访谈录(周武、李德英、戴东阳)

太平天国政体与"神权政治"(王国平)

从"三民主义"到"中国文化"——陈立夫统一观的演变(张敏)

八一三事变中的租界与中国难民(郑祖安)

西医东传:晚清医疗制度变革的人文意义(何小莲)

魏晋南北朝时期节俗的嬗变(魏向东)

宋学南移和江南儒学(汤仁泽)

明末清初启蒙教育家的上智下愚新论(施扣柱)

清雍正帝的面试术(王志明)

美国历史上三 K 党猖獗的根源(高芳英)

上海孤岛生活的回忆(胡道静口述,袁燮铭整理注释)

会议综述:上海史青年学者国际研讨会综述(廖大伟、甘慧杰、葛涛)

英文摘要

广告:上广电

2003 年

2003 年第 1 期(总第 70 期),2003 年 2 月 20 日

广告:上广电

目录

英文目录

公园里的社会冲突——以近代成都都市公园为例(李德英)

旅沪宁波移民自然构成、社会构成分析(李瑊)

上海报业文化的跨国性与区域性([美]顾德曼著,王儒年译)

苏州市民公社的衍变及现代意义(李明)

明代江南俗语所见之社会情态(陈江)

唐初期的库真与察非掾述论(严耀中)

祀典、私祀与淫祀:明清以来苏州地区民间信仰考察(王健)

中国国民总会考略(潘君祥)

中国地学会在辛亥革命前后的活动(卢开宇)

北伐前夕北方军政格局的演变:1924—1926年(罗志田)

二十世纪初中华传记编译述论(朱守芬)

从集体记忆的谬误中出走(王家范)

南京大屠杀札记(之二)(程兆奇)

上海社会科学院历史研究所资料室珍藏"西文汉学旧籍"简介(五)(马军)

2002年总目录

英文摘要

广告:上广电

2003年第2期(总第71期),2003年4月20日

广告:上广电

目录

英文目录

唯识的结构——《成唯识论》初读(陈克艰)

牟宗三与魏晋玄学研究——读牟先生《才性与玄理》(罗义俊)

韩柳与佛教——兼论二人思想所代表的文化意义([新加坡]严寿澂)

韩愈修史——以《答刘秀才论史书》为中心(秦蓁)

魏校的捣毁淫祠令研究——广东民间信仰与儒教([日]井上彻)

明代士夫追求润笔现象试析(彭勇)

略论辛亥时期的上海报刊市场(张敏)

论近代上海人文环境及其对企业经营的影响(樊卫国)

近代中国的公共领域:形态、功能与自我理解——以上海为例(许纪霖)

一百年前的"苏报案"(汤志钧)

醒狮派之集体意识与道德社会的追求([韩]孙承希)

"Whang Tong"的故事——在域外捡拾普通人的历史(程美宝)

民国初年资产阶级革命派近代经济观简论(陶士和)

英文摘要

广告:上广电

2003年第3期(总第72期),2003年6月20日

广告:上广电

目录

英文目录

金天翮与《女界钟》(熊月之)

晚清"江淮省"立废始末(谢世诚)

中法实业银行停业风波述评(李一翔)

孙中山与新中国运动(刘学照)

启蒙与反思:论梁启超的新民思想(王敏)

《烈士与纪念馆研究》评介(龙鸣)

近代上海成长中的"江南因素"(马学强)

近代城市用语的形成——以上海城市交通工具用语为例

(邵建)

城市近代化中的上海闽商(高红霞)

上博简、郭店简《缁衣》与传本合校补证(中)(虞万里)

"吴为周后"及其对吴国王室的影响(吴恩培)

略论明代的马政(唐克军)

明代的采选制度与宫人命运(朱子彦)

明清时期的国家图书检查与图书贸易([加拿大]卜正民著,孙竞昊译)

清代江南地区社会问题研究:以逼醮、抢醮为例(王卫平)

危机状况下的同族团体——以浙江省同姓村中的细菌战受难者为例([日]上田信)

书评:战时恐怖主义与城市犯罪——《上海歹土》解读(芮传明)

英文摘要

广告:上广电

2003年第4期(总第73期),2003年8月20日

广告:上广电

目录

英文目录

汉奸!——战时上海的通敌与锄奸活动([美]魏斐德著,吴晓明译)

妥协与抗争:熊希龄与善后大借款(陈礼茂、马军)

清遗民关怀中的治统与道统——以沈曾植、曹廷杰为个案

（孙明）

战后初期美国对华政策与中美关系（仇华飞）

1940年前后上海职员阶层的生活情况（[日]岩间一弘著,甘慧杰译）

照相与清末民初上海社会生活（葛涛）

阳明四句教法与正心功夫（程念祺）

论清道、咸时期的西北史地研究（贾建飞）

近代苏州碑刻中的乡绅自治与宗族保障（张翔凤）

危机与出路:当前农村社会问题研究述评（李学昌）

17世纪的朝鲜族谱（常建华）

1918年美国流感再审视（张和声）

1945—1948年朝鲜半岛南部地区的政治变动（余伟民、周娜）

评王欣新著《吐火罗史研究》（徐文堪）

泱泱大国的人口史巨著——评6卷本《中国人口史》（虞云国）

英文摘要

广告:上广电

2003年第5期(总第74期)(上海开埠160年专辑),2003年10月20日

广告:上广电

目录

英文目录

上海城市精神述论(熊月之)
开放传统与上海城市的命运(周武)
上海地区"大跃进"和人民公社化运动述论(袁燮铭)
上海地方自治运动中成员的身份与运作冲突(李铠光)
开罗、上海城市现代化进程比较研究(车效梅)
清末民初士绅与江南乡镇教育近代化(陈蕴茜、沈熙)
民国科学社团与社会变迁——以中国科学社为中心的考察(张剑)
新中国成立前夕在日华侨的政治态度(杨初晓)
试析20世纪中国经济发展的社会目标模式(钟祥财)
《尚书》讫于《秦誓》原委考辨(钱杭)
关于两汉史籍中的"吏民(人)"问题(邱立波)
清代苏州城市工商繁荣的写照——《姑苏繁华图》(范金民)
独立战争:西班牙19世纪的第一次革命(金重远)
英文摘要
广告:上广电

2003年第6期(总第75期),2003年12月20日

广告:上广电
目录
英文目录
中国通史编纂百年回顾(王家范)
论近代经世致用史学思潮的兴起(邬国义)
全球化、族群认同与历史教育(陈剩勇)

摩尼教"平等王"与"轮回"考(芮传明)

上元年间的政局与武则天逼宫(韩昇)

靺鞨与东突厥关系考述(马一虹)

近代上海社会保障事业初探(1927—1937)(汪华)

近代都市的个案研究——安克强《1927—1937的上海：市政权、地方性和现代化》述评(张培德)

民国初期教育收费研究——以上海为例(施扣柱)

论戊戌前后梁启超保教思想的肯定与否定(崔志海)

张元济：传统与现代之间([奥]皮尔兹著，邵建译)

关于希罗多德与修昔底德作品中对神谕的描述(郭海良)

本刊改变电邮信箱的启事(《史林》编辑部)

绿背纸币运动的历史背景、思想渊源及影响(陈明)

史林拾页：吴其昌《宋代学生干政运动考》微瑕两例(程兆奇)；穆藕初整理出版昆曲全谱始末(柳和城)；罗继祖先生与《仁王经》(李思乐)

2003年总目录

英文摘要

广告：上广电

2004年

2004年第1期(总第76期)，2004年2月20日

目录

英文目录

文化进化论的古典创建（[美]罗伯特·L·卡内罗著，王丽译，郭健、邓京力校）

中国历史上的少数民族非专制酋邦与早期国家（易建平）

中国文明起源研究的历程（朱乃诚）

文明的起源和救赎——汤因比历史哲学的方法论基础（沈大明）

本刊改变电邮信箱的启事（《史林》编辑部）

十九世纪中叶上海城市生活——以《上海新报》为视点（赵楠）

直街观念与澳门早期城市建设的规则（严忠明）

文化的疏离与文化的融合（上）（陈同）

本刊加入"万方数据——数字化期刊群"（《史林》编辑部）

上博简、郭店简《缁衣》与传本合校补证（下）（虞万里）

跨海的宗族网络（[日]濑川昌久）

军事教育与清末新军民族、民主思潮的兴起及其影响（王建华、翟海涛）

金泽荣与俞樾交往述论（庄安正）

小川关治郎和《一个军法务官日记》（程兆奇）

越战初期中美之间特殊的"信息传递"（[美]陈兼、赫斯伯格）

英文摘要

上海社会科学院历史研究所最新成果（四十二）："上海史研究译丛"第一辑（张晓敏、熊月之执行编委，上海古籍出版社2003年版）

2004年第2期(总第77期),2004年4月20日

目录

英文目录

明清以来苏州、徽州的区域互动与江南社会的变迁(唐力行)

明清苏州、徽州进士的文化素质与文化互动(吴建华)

清代徽苏两地的家族迁徙与文化互动——以苏州大阜潘氏为例(徐茂明)

晚明江南人士的地方意识与分权思想(陈江)

清代浙江湖州府的客民与地方社会(冯贤亮)

清代嘉庆时期的海盗与广东沿海社会(曾小全)

全球化与上海价值(杜维明)

文化的疏离与文化的融合(下)(陈同)

沪东:近代棉纺织厂区的兴起(1878—1928)(罗苏文)

早期《申报》广告价值分析(王儒年、陈晓鸣)

我在建国前后的金融业生涯(沈日新口述撰稿,吴景平、张徐乐整理注释)

析二战欧洲中立国之"中立"(陈安全)

《滑稽列传》错简考辨(周言)

《史记》、《旧约》与华夏文明(陈强)

补正(《史林》编辑部)

英文摘要

上海社会科学院历史研究所最新成果(四十三):《从传统到近代:江南城镇土地产权制度研究》(马学强著,上海社

会科学院出版社 2002 年版);《南京大屠杀研究——日本虚构派批判》(程兆奇著,上海辞书出版社 2002 年版)

2004 年第 3 期(总第 78 期),2004 年 6 月 20 日

目录

英文目录

论清末知识人的反满意识(杨国强)

严复的社会伦理思想(俞政)

顾颉刚和"古史辨"拾遗——作于"纪念顾颉刚先生诞辰 110 周年学术座谈会"后(罗义俊)

中国历史上的小农经济——生产与生活(程念祺)

20 世纪 20—30 年代江苏农民离村原因探析(刘芳)

近代天主教在康区的传播探析(徐君)

近代西方教会在华购置地产的法律依据及特点(王中茂)

论抗战时期基督教大学与国民政府之关系(刘家峰)

从苏州博习医院看教会医院的社会作用与影响(王国平)

中世纪基督教会对法国社会的影响(徐鹤森)

城市中的战争与地下抗战——抗日战争时期中国特工秘密机构的侠义之风([美]叶文心撰,张和声译)

孤岛时期越剧的繁荣及其原因(宋京)

从限价到抢米——1948 年币制改革时期的上海粮情(马军)

雍正帝篡位说新证(金恒源)

英文摘要

上海社会科学院历史研究所最新成果(四十四):《海纳百川:上海城市精神研究》(熊月之、周武主编,上海人民出版社2003年版);《1912:初试共和》(廖大伟著,学林出版社2004年版)

2004年第4期(总第79期),2004年8月20日

目录

英文目录

18、19世纪广州洋人家庭里的中国佣人(程美宝、刘志伟)

19世纪上海华商企业中的华董(张秀莉)

本刊启事(《史林》编辑部)

论近代上海买办的教育背景(马学强)

香山买办与开埠后的上海社会(胡波)

中国社会经济史面临的挑战——回应《大分流》的"问题意识"(王家范)

宋代以来金衢地区的交通与商业发展(王一胜)

19世纪天津、烟台的对外贸易与传统市场网络——以洋纱洋布的输入与运销为例(张思)

丽泉行的败落——诉讼对19世纪外贸的危害([美]小弗雷德里克·D·格兰特著,周湘译)

九江开埠与近代江西社会经济的变迁(陈晓鸣)

内河航运与上海城市发展(戴鞍钢)

1920年代上海的大学与学生文化([韩]郑文祥)

立达学社与大同大学(黄婷)

民国时期的同乡组织与社会关系网络——从政府和社会福利概念的转变中对地方、个人与公众的忠诚谈起（[美]顾德曼）

长江文明的历史意义（陈剩勇）

古代中国人的旅游性格（陈来生）

英文摘要

上海社会科学院历史研究所最新成果（四十五）：中国历史百科全书"话说中国"（刘修明主编，上海文艺出版社2003—2004年版）

2004年第5期（总第80期），2004年10月20日

广告：万源城

目录

英文目录

上海学平议（熊月之）

20世纪德国的汉学研究（王维江）

魏斐德与上海史研究（叶斌）

20世纪中外史学交流回顾（朱政惠、李江涛）

明代江浙赣地区的宗族乡约化（常建华）

祠堂与宗族社会（罗艳春）

读书札记："柳隐"名号别证（樱宁）

清初歙县槐塘程氏的文化建构（卜永坚）

论"刘氏主吉"——隋末唐初山东豪杰研究之二（李锦绣）

陈寅恪"山东集团"辨析（仇鹿鸣）

唐代中后期内侍省官员身份质疑（严耀中）
唐阿史那感德墓志考释（赵振华）
1882—1895年中西书院诸问题的考察（张华腾）
论清末民国旅游娱乐空间的变化——以公园为中心的考察（陈蕴茜）
《科学社团在近代中国的历史命运——以中国科学社为中心》序（杨国强）
1924至1927年黄埔军校与国民党的党军关系（李纳）
20世纪20至40年代银保关系（徐华）
太平洋战争爆发前上海金融业的抗日活动（张天政）
英文摘要
广告：万源城

2004年第6期（总第81期），2004年12月20日

广告：万源城
目录
英文目录
论民国初年文化市场与上海出版业的互动（周武）
从"天下"到"主权"——从条约、传教看清末社会观念的变化（马自毅）
晚清驻外使臣与政治派系（戴东阳）
日本的"文化侵略"与中国出版业的命运——以商务印书馆为例（郭太风）
孤傲的"上海人"——上海英侨生活一瞥（张和声）

从战时征用到战时教育——中日战争时期的上海日本人学校(陈祖恩)

声音记录下的社会变迁——20世纪初叶至1937年的上海唱片业(葛涛)

汉唐间的中日关系与东亚世界(牟发松)

张家山汉简所见汉初马政及相关问题(臧知非)

真实与虚构之间的历史授权——萧山湘湖史上的《英宗敕谕》(钱杭)

摩尼教"五妙身"考(芮传明)

摩尼教"大神咒"研究——帕提亚文文书M1202再考释(徐文堪、马小鹤)

"角端"与成吉思汗西征班师(王颋)

会议综述:器物与记忆:近世江南文化学术研讨会综述(饶玲一)

"学术是学者的生命"——简述蔡尚思教授的治学精神(李华兴)

隋炀帝新论(蒋维崧)

英文摘要(葛鉴瑶译)

广告:万源城

2004年增刊(总第82期)(口述史研究专号),2004年12月30日

广告:万源城

目录

编者的话(《史林》编委会)
女性口述历史的虚与实(游鉴明)
口述史研究座谈会发言摘要(徐涛整理)
中国口述史学的历史、现状与未来(王艳勤)
回忆我的学生时代(胡道静口述,袁燮铭整理)
我的学校生活与教研生涯(张仲礼口述,施扣柱整理)
汪熙访谈录(于文、张骏、诸君文、秦岭整理)
50年来上海博物馆的文物收藏(马承源口述,高俊整理)
三访周扬话《辞海》(丁景唐口述,朱守芬整理)
在上海的生活——汇丰银行买办席正甫后人的回忆(席与镐、席与闿、谌漱芳、席与文口述,马学强整理)
"颜料大王"周宗良的家居生活(徐元章、徐元健口述,张秀莉、廖大伟整理)
民国时期妻妾共居家庭的生活记录(王传贤、王慕冰口述,程郁整理)
沧桑五十年(一)(陈关康原作,陈正青整理)
老上海的特色商店群(毛履亨原作,宋钻友整理)
旧上海潮商琐谈(郭启东口述,宋钻友整理)
老永安职业生活的回忆(陈瑞麟、曾汉英口述,宋钻友整理)
回忆大同大学(顾宁先口述,黄婷整理)
一个老乐师的回忆(薛文俊口述,马军整理)
细菌战的真相终将大白于天下——侵华日军细菌战的浙江调查(张启祥整理)
广告:万源城

2005 年

2005 年第 1 期(总第 83 期),2005 年 2 月 20 日

广告:万源城

目录

英文目录

明清易代的偶然性与必然性(王家范)

北朝并州乐平郡石艾县安鹿交村的个案研究(侯旭东)

从时空嬗演看历史上长江三角洲的互动关系(陈学文)

清代江南沿海的潮灾与乡村社会(冯贤亮)

近代中国市民社会研究 10 年回顾(闵杰)

近代中国历史上的"商"(高俊)

东西方文化、地域文化与太平天国农民文化(华强、刘牧南)

光复会和浙江(汤仁泽)

论民初帮会与社会的紧张——以共进会与刺宋案为中心(廖大伟)

劳资冲突与"四一二"前后江浙地区的党商关系(冯筱才)

略论民国时期的区级政权建设(李巨澜)

抗战前后中共路线的转变与上海城市的社会团体(萧小红)

试论战前西方对中国投资意向转变之原因(郑会欣)

现代化视野中的抗日战争(袁成毅)

读史札记:《章练续志》整理说明(石中玉)

2004 年总目录

英文摘要
广告:万源城

2005年第2期(总第84期),2005年4月20日

广告:万源城
目录
史景迁谈史(卢汉超)
类型与时代:中西文化之别——"多元现代性"视野下的回顾(陈引弛)
秦汉假官、守官问题考辨(王刚)
明清苏州、扬州、徽州三地风俗的互动互融——兼谈"苏意"、"扬气"与"徽派"(李明)
清代扬州学派简论(冯乾)
清代上海郁氏家族的变化及与地方之关系(饶玲一)
澳门开埠的文化遗产(罗苏文)
日俄战争时期的上海外交(崔志海)
从中国救济善会到上海万国红十字会(池子华)
南中国海与近代东南地区社会经济变迁——以闽南地区为中心(戴一峰)
从中国征信所两次公司登记看其属性之辨(孙建国、彭善民)
试比较中英行会的本质特征(金志霖)
约翰逊时期美国对台政策的转变(双惊华)
城市文化形象——首届沪澳学术论坛综述(徐涛)

英文摘要(葛鉴瑶译)

《史林》杂志理事会

广告:万源城

2005年第3期(总第85期),2005年6月20日

目录

论李平书(熊月之)

谁是"清流"?——晚清"清流"称谓考(王维江)

论近代海关与地方社团的关系——以近代厦门海关兼管常关为例(水海刚)

略论近代上海外籍律师的法律活动及影响(陈同)

清末民初江南地主制度文书研究([日]村松祐次著,邢丙彦译)

现代中国史学专业学会的兴起与运作(胡逢祥)

五四运动与青红帮会(邵雍)

莫斯科中山大学与第一次国共合作(孙延波)

一二八事变后上海银行业之联合准备制(吴晶晶)

汉代复仇所见之经、律关系问题(邱立波)

"记里鼓车"之相关问题研究(李卉卉)

朱元璋民族成份考辨(陈梧桐)

介休水案与地方社会——对泉域社会的一项类型学分析(张俊峰)

触手皆珍构宏篇——松浦章《清代上海沙船航运业史的研究》述评(范金民)

多维视角下区域史研究——2004华南研究年会综述(田宓、杨培娜)

蔡东藩《中国历代通俗演义》版本源流述论(陈志根)

英文摘要(葛鉴瑶译)

《史林》杂志理事会

广告:万源城

2005年第4期(总第86期),2005年8月20日

广告:万源城

目录

晋水流域36村水利祭祀系统个案研究(行龙)

试论中国历史上的村落共同体([日]丹乔二著,虞云国译)

近代东南社会"贱民"群体的复权意识与复权斗争(严昌洪)

《退想斋日记》所见抗战时期的民众生活——以太原为中心(郝平)

宋朝制置使战略攻防述论(姚建根)

明清江南手工业品的制作、市场与消费群体——以苏州织造局特供服饰及上海顾绣为例(马学强)

新安江的路程歌及其相关歌谣(王振忠)

传统工匠及其现代转型界说(余同元)

东南精英与辛亥前后的政局(章开沅、田彤)

亚洲文会会员分析(王毅)

胡适、杜威与实验主义:哥伦比亚大学时期(胡礼忠)

试论近代浙江的棉花出口(陈梅龙)

新式交通与生活中的时间:以近代江南为例(丁贤勇)
近代中国早期的城市交通与社会冲突——以上海为例(何益忠)
粤人在近代上海的文化活动(刘强、刘正刚)
英文摘要(葛鉴瑶译)
《史林》杂志理事会
广告:万源城

2005 年第 5 期(总第 87 期),2005 年 10 月 20 日

广告:万源城
目录
民间舆论如何看待秋瑾案——兼与李细珠先生商榷(马自毅)
六十余年前的特殊"口述历史"——《中共谍报团李德生讯问记录》书后(程兆奇)
晚清教会势力的楔入与地方权力格局的演化——以温州社会为例(李世众)
电波中的唱片之声——论民国时期上海广播唱片的社会境遇(葛涛)
传统史学与王朝政治(曾学文)
从中和节看唐代节日民俗(朱红)
简论元代的早逝(何泉达)
官场恩怨与明代政治——以私人关系为中心(唐克军)
论钱大昕的考史之"学"(李海生)

杭州旅游业和城市空间变迁(1911—1927)(江利平著,朱余刚、侯勤梅译)

近代上海菜场研究(褚晓琦)

20世纪30年代上海城市文化地图解读——城市娱乐区布局模式及其特点初探(楼嘉军)

英文摘要(葛鉴瑶译)

《史林》杂志理事会

广告:万源城

2005年第6期(总第88期),2005年12月20日

广告:万源城

目录

中国古代经济史中的牛耕(程念祺)

论南北朝至唐初的儒学传播方式及其特点(陈磊)

有关《永乐大典》几个问题的辨证(虞万里)

用新史料讲新故事——韩书瑞教授访谈录(周武)

苏报案的审讯与判决(王敏)

二十世纪初中国提倡女子就业思潮与贤妻良母主义的形成(程郁)

开放格局与近代上海城市综合竞争力(贺水金)

中国学术评议空间的开创——以中央研究院评议会为中心(张剑)

上海文革运动中的群众报刊(金大陆)

近代日本职业外交官与日本的海外扩张——以堀口九万一

为例(戴东阳)

书评:一部求实、创新、通变的力作——《索我理想之中华——中国近代国家观念的形成与发展》评介(刘学照)

英文摘要(葛鉴瑶译)

《史林》杂志理事会

广告:万源城

2005年增刊(总第89期),2005年12月20日

广告:万源城

目录

新民主主义理论的历史教训刍议(叶尚志)

曾山对中国革命根据地的贡献(李德成)

蒋介石家世及早年家境研究(王慕民)

抗日战争时期的资源委员会(诸葛达)

美国学者的中国文化史研究及其后现代取向(陈君静)

从三位系主任看燕京大学教育学科的发展(项建英)

试论劳乃宣的教育思想(于建胜、高建华)

上海金融第一次大发展的人才准备及对票号、钱庄的影响(陈曾年、顾柏荣)

民初宁波平原的商人治水活动——宁波商人与近代宁波社会研究之一(孙善根)

人文环境与商办浙江铁路(王逍)

论早期中国文化周期性的"分""合"现象(韩建业)

论伏羲生活的时代——伏羲研究之一(李清凌)

齐文化政治法律思想轮纲——以"刑德礼法"思想为中心（马斗成）

论傅玄的政治思想（李凌）

玄学思潮与东晋南朝史学（郝润华）

宋代士人落第后的选择（黄艳）

宋人吴应龙与刘才邵不是同时期人——匡正刘才邵《樵溪居士集》之误（王菱菱）

王安石变法与县尉（王钟杰）

关于成吉思汗的争议与评价（朱耀廷）

冯班《钝吟杂录》及其思想价值（张伟）

明清民间商业信用票据化的初步发展——以汇票、汇兑为中心（刘秋根、谢秀丽）

意大利文化遗产保护的历史与经验（顾军）

评冷战后日本争当政治大国的联合国外交（杨靖筠）

试析工农关系与苏俄政权集权化（卢培栋）

遗留金针度世人——读漆侠先生遗著《历史研究法》（范喜茹）

英文摘要（葛鉴瑶译）

《史林》杂志理事会

广告：万源城

2006 年

2006 年第 1 期（总第 90 期），2006 年 2 月 20 日

广告：万源城

目录

空间重组与孙中山崇拜——以民国时期中山公园为中心的考察(陈蕴茜)

中国近代外贸埠际转运史上的上海与天津(1866—1919)(唐巧天)

从"清流"到"清流党"(王维江)

辛亥革命时期上海女子军事团体源流考(赵立彬、李瑾)

析1927年前后鲍罗廷与蒋介石的权力争斗(吴珍美)

解放战争时期中共的土改复查与地权变动——对山东根据地莒南县的个案分析(王友明)

在法律与社会之间:民国时期上海本土律师的地位和作用(陈同)

上海地区的施相公信仰(范荧)

《字林西报》与近代上海新闻事业(汪幼海)

中国古代盟誓功能性原理的考察——以盟誓祭仪仪式的讨论为中心(吕静)

明代中晚期的礼仪之变及其社会内涵——以江南地区为考察中心(陈江)

明末清初至20世纪30年代江南"女弹词"研究——以苏州、上海为中心(周巍)

传统中国的"社会"在哪里(牟发松)

书评:本土环境与西方冲击互动中的中国通商口岸——《局外人:西方在印度和中国的经历》述评(张笑川)

《史林》2005年总目录

英文摘要(葛鉴瑶译)
《史林》杂志理事会
广告:万源城

2006年第2期(总第91期),2006年4月20日

目录

18世纪以来中国财政变迁及相关问题([美]王国斌)

明清以来晋水流域的环境与灾害——以"峪水为灾"为中心的田野考察与研究(行龙)

弥"盗"、党争与北宋虔州盐政(黄国信)

"反迷信"话语及其现代起源(沈洁)

"走向现代"的悖论——论清末江浙地区的谘议局、地方自治选举(瞿骏)

民间舆论与秋瑾案问题及其他——答马自毅教授(李细珠)

战后国民政府遣返韩人政策的演变及在上海地区的实践(马军、单冠初)

乡村里的都市与都市里的乡村——论近代上海民众文化特点(熊月之)

近代城市贫民阶层及其救济探析——以天津为例(任云兰)

近代上海城市环境卫生管理初探(刘岸冰)

战时上海的百货公司与商业文化([日]菊池敏夫著,陈祖恩译)

奢侈与文明——休谟对商业社会"合法性"的辩护(周保巍)

美国战后对华经济政策的演变([美]魏楚雄)

《史林》2005年总目录

英文摘要(葛鉴瑶译)

上海社会科学院历史研究所最新成果(四十六):《海外上海学》(熊月之、周武主编,上海古籍出版社2004年版);《科学社团在近代中国的命运——以中国科学社为中心》(张剑著,山东教育出版社2005年版)

2006年增刊(总第92期)(口述史研究专号2),2006年4月30日

目录

从聂中丞华童公学到雷士德工学院——倪钜卿老人的求学经历(倪钜卿口述,施扣柱整理)

海外雷子情(邓志雄口述,房芸芳整理)

圣约翰大学的最后岁月(1948—1952)(沈鉴治英语口述,高俊翻译整理)

我的说书生涯——从少小学艺到初上书坛(唐耿良口述,唐力行整理)

对一个老京剧艺人的访谈(谭金麟口述,徐剑雄整理)

皮影人生——上海七宝民间艺人访谈录(璩墨熙口述,段炼整理)

牛哥漫画与台湾(徐欣宇)

回忆我的日本母亲(杨矢心口述,[日]笹田和子整理)

解放初期革命队伍中女知识分子的感情一叶(王慕冰口述,程郁整理)

再现历史的真实:文献与口述的结合之作——马军著《1948年:上海舞潮案》简介(宋佩玉)

往事的回忆(杨文蔚口述,杨晓芬整理)

皖南事变"新编营"血战白山亲历记(洪季凯、罗德宝)

抗战期间解救我党战俘亲历记(孟蒙口述,王延庆、姬庆红整理)

沧桑五十年(二)(陈关康原作,陈正青整理)

我研究"慰安妇"问题的历程(苏智良口述,陈礼茂整理)

关于云南省"慰安妇"制度受害者李连春的口述调查(陈丽菲、苏智良采访)

我藏书生涯中遭遇的厄运(陈梦熊自述)

复旦的"文革"资料哪里去了?——曹宠、秦邦廉访谈记(金大陆)

一个农村红卫兵在"文革"初期(刘乐顺口述,刘爱国采访)

上山下乡去云南(沈志明自述)

九十年沧桑话帅府——张氏帅府博物馆老馆长杨景华专访记录(杨景华口述,董昕整理)

一个徽商后代的回忆(俞昌泰口述,何建木、张启祥整理)

初到日本的日子——"就学生"生活琐忆(葛涛自述)

我在黄埔军校十八期的生活片段(张慕飞口述,汤礼春整理)

"上大人"纸牌与戒毒(张香玉)

巴黎遇劫记(马军口述,赵庆寺整理)

编者的话(《史林》编委会)

上海社会科学院历史研究所最新成果(四十七):《明清以来江南社会与文化论集》(熊月之等主编,上海社会科学院出版社2004年版);《中国电影百年》([日]佐藤忠男著,钱杭译,杨晓芬校,上海书店出版社2005年版)

2006年第3期(总第93期),2006年6月20日
目录

转型与延续:文化消费与上海基层社会对西方的反应(20世纪50年代至60年代早期)(张济顺)

公厕变迁与都市文明——以近代上海为例(苏智良、彭善民)

电车、公共交通与近代天津城市发展(刘海岩)

试论土壤微量元素变化与历史时期黄淮海平原的文明进程(高凯)

唐五代江南的外商(张剑光)

清代的地方官员与讼师——以《樊山批判》与《樊山政书》为中心(张小也)

明清之际自鸣钟在江南地区的传播与生产(汤开建、黄春艳)

利用口述史料研究中国近现代史的可能性——以山西省盂县日军性暴力研究为例([日]小浜正子著,葛涛译)

爱国女学成立时间考辨(宋培基、钱斌)

同盟会中部总会和上海光复(汤仁泽)

民国时期成都平原土地转租问题探讨(李德英)

革命与医疗——太行根据地医疗卫生体系的初步建立(刘

轶强）

透视历史与现实：台湾问题与中美俄三边关系（王新）

资本文明与近现代俄国历史的"321"现象——兼论苏联社会主义应有的历史任务（邵腾、郭太风）

《椿庐史地论稿》读后（鲁西奇）

英文摘要（葛鉴瑶译）

《史林》扩版启事（史林编辑部）

史林特别推荐书目：《近代中国社会的新陈代谢》（陈旭麓著，上海社会科学院出版社2006年重版）；《椿庐史地论稿》（邹逸麟著，天津古籍出版社2005年版）

2006年第4期（总第94期），2006年8月20日

目录

晚清的清流与名士（杨国强）

勇营制度：清代军制的中间形态（李志茗）

近代史上的湘籍精英现象（高俊）

关䌹之与上海会审公廨（彭晓亮）

毛泽东与"三反"运动（杨奎松）

追寻现代性：民国上海言情文化的历史解读（姜进）

游走于城市空间：晚清民初上海文人的公共交往（叶中强）

近代上海的京剧票友、票房（1911—1949）（徐剑雄）

上海中法工学院始末（葛夫平）

中国古代收入分配的制度分析（钟祥财）

民族史视野下的中国地名（沈坚）

先秦蜀国王权更替考述(毛曦)

元王朝与爪哇的战争和来往(王颋)

明代户部尚书任职情况分析(黄阿明)

海外学者对中国史学的研究及其思考(朱政惠)

"中华人民共和国成立前后的中国都市社会变动"国际学术研讨会综述(葛涛)

英文摘要(葛鉴瑶译)

《史林》扩版启事(史林编辑部)

史林特别推荐书目:《再造"病人"——中西医冲突下的空间政治(1832—1985)》(杨念群著,中国人民大学出版社2006年版);《中国水利发展史》(姚汉源著,上海人民出版社2005年版)

2006年第5期(总第95期),2006年10月20日

目录

开创"世界知识"的公共空间:《时务报》译稿研究(潘光哲)

孙中山的革命思想与同盟会——上海孙中山故居西文藏书的一项审视(姜义华)

融斋龙门弟子与中国早期现代化(徐林祥)

清末"自治"思潮的两个方向(冯峰)

姚锡光述论(舒习龙)

1940年代后期常熟农家收入水平及其相关因素(李学昌、董建波)

外援与重建:中国战后善后救济简评(赵庆寺)

上海文革运动中的"宣传品"(金大陆)

摩尼教 Hylè、Az、贪魔考(芮传明)

十八世纪,二十世纪的先声(高王凌)

16至20世纪中叶民间文献中有关家族婚姻状况的研究——对江南洞庭席氏家族的考察(马学强)

胡三省宋史观探微(虞云国)

论明代铁券制度(朱子彦)

苗族传统婚姻模式——以云南文山苗族婚姻习俗为例(陈世荣)

疏通知远:中国经济史通识的获取(王家范)

历史研究和史料整理——"文革"前历史所的四部史料书(汤志钧)

《郡斋读书志》的分类及其与《崇文总目》的关系(郝润华)

徽商章回体自传《我之小史》的发现及其学术意义(王振忠)

清代书札文献的分类与史料价值(邹振环)

多元文化、文化多元主义、多元文化主义辨析——以美国为例(韩家炳)

英文摘要(葛鉴瑶译)

史林特别推荐书目:《清代通史》(萧一山著,华东师范大学出版社2006年版);《清朝全史》([日]稻叶君山著,上海社会科学院出版社2006年版)

2006年第6期(总第96期),2006年12月20日

目录

中国近代政治史面对的挑战及其思考(茅海建)

美国政府与清朝的覆灭(崔志海)

安得海生平事迹考异(袁燮铭)

袁树勋与大闹会审公堂案(褚晓琦)

秦淮空间重构中的国家权力与大众文化——以民国时期南京废娼运动为中心的考察(陈蕴茜、刘炜)

上海外商企业中的华董研究(1895—1927)(张秀莉)

从全国性到地方化:1945至1956年上海出版业的变迁(周武)

媒体、瘟疫与清末的健康卫生观念——以《大公报》对1902年瘟疫的报道为中心(冯志阳)

"党义"与"风化"之间——从审查制度看民国时期政治对唱片的影响(葛涛)

十八世纪中国的"现代性建构"——"中国中心观"主导下的清史研究反思(夏明方)

"夫子之道"——原典意义上的理论与实践探讨(陈祖怀)

元明清管理甘青民族地区的政治思想(李清凌)

归玄恭先生交游述论——兼探清初士人友道观念(秦蓁)

柳诒徵《国史要义》探津(王家范)

经史与政教——从《史微》看张尔田对中国古代学术思想的解读(张笑川)

龚自珍佚文一篇(丁凤麟)

英文摘要(葛鉴瑶译)

史林特别推荐书目:《五口通商变局》(王尔敏著,广西师范大学出版社2006年版);《国家力量与中国经济的历史

变迁》(程念祺著,新星出版社2006年版)

2007年

2007年第1期(总第97期),2007年2月20日
目录
生存斗争学说的中国演绎与兴替——近代中国思想世界核心观念通检之一(姜义华)
晚清中国对美国总统制的解读(熊月之)
学人、媒介与国家:以《思想与时代》月刊创刊为中心(1941—1948)(何方昱)
环渤海经济区与近代北方的崛起(樊如森)
基层党政机构、社会组织与粮食统购统销政策的推行——以1953—1957年的河南唐河县为中心(田锡全)
景德镇:中国瓷业的近代印迹——商品瓷与职业化经营的变迁(罗苏文)
政府与媒体——晚清上海报纸的政治空间(王敏)
启事(史林编辑部)
战时上海的"租界问题"([日]高纲博文著,陈祖恩译)
自行车普及与近代上海社会(徐涛)
《郑风·缁衣》诗旨与郑国史实、封地索隐(虞万里)
南宋川陕战区兵源问题述论(何玉红)
王徵与丁若镛——16至18世纪中韩两位实学家对西洋奇器的研究与制造(牛润珍、[韩]安允儿)

18世纪经世学派(高王凌)

历史学的樊篱与历史的樊笼——读布罗代尔(张和声)

别开生面的徽州宗族研究——评唐力行先生的《徽州宗族社会》(王振忠)

一本书与六个大公司的中国故事——读《大公司与关系网》(冯志阳)

英文摘要(葛鉴瑶译)

2006年总目录

史林特别推荐书目:《现代国学大师学记》(卞孝萱著,中华书局2006年版);《中国的城市生活》(李孝悌编,新星出版社2006年版)

2007年第2期(总第98期),2007年4月20日

目录

毛泽东与无政府主义——从《西行漫记》的一处误译谈起(邬国义)

近代科学名词术语审定统一中的合作、冲突与科学发展(张剑)

近代西北农村金融现代化转型初论(王颖)

反迷信与社区信仰空间的现代历程——以1934年苏州的求雨仪式为例(沈洁)

异化、国家和记忆:清末民初地方自治的两难(周松青)

1951年上海批判电影《武训传》运动始末(杨俊)

"千丁之族,未尝散处":动乱与徽州宗族记忆系统的重

建——以徽州绩溪县宅坦村为个案的研究(唐力行)

阴阳五行说之我见(何泉达)

明代佛教信仰的变迁述略(夏邦)

清代的地方吏役、地方政府与官僚政治(周保明)

城市史研究的三条进路——以上海、香港、新加坡为例(梁元生)

上海道契所保存的历史记忆——以《上海道契》英册1—300号道契为例(陈琍)

在"惩恶"与"扬善"之间:奥古斯丁论国家的双重作用(夏洞奇)

苏联对犹政策的历史考察(余建华、康璇)

历史叙事的辩证(丁钢)

晚清村镇志纂修的成熟及其人文历史价值——以江南名镇志《紫堤村志》为中心的分析(沈渭滨)

一部大书与时代的传奇——《启蒙运动的生意》述评(王郡)

英文摘要(葛鉴瑶译)

史林特别推荐书目:《上海:一座现代化都市的编年史》(熊月之、周武主编,上海书店出版社2007年版);《区域社会史比较研究》(行龙、杨念群主编,社会科学文献出版社2006年版)

2007年第3期(总第99期),2007年6月20日

目录

论"庚申之变"(杨国强)

"国家"与"个人"之间——略论晚清中国对"自由"的阐述(章清)

孙中山国家资本思想及其对南京国民政府国有经济政策的影响(张忠民)

革命与改良的相遇:来华新教传教士话语中的中国共产党(1928—1936)——以 The Chinese Recorder 为中心(杨卫华)

明及清初"歇家"参与赋役领域的原因和方式(胡铁球)

王莽抑制奢贪思想研究(陈忠锋)

《大札撒》对元朝立法的影响及其在中华法系中的地位(李玉年)

清代刘家港的豆船字号——《太仓州取缔海埠以安海商碑》(范金民)

入上海与居上海——论清末士人在城市的私谊网络(1895—1911)(瞿骏)

二三十年代的《申报》广告与爱国主义的世俗化(王儒年)

冲突与合作:1927—1930年上海公共卫生(何小莲)

古代与现代的民主政治(黄洋)

自由贸易神话的起源——亚当·斯密真相辨伪(梅俊杰)

现代中国史学专业机构的建制与运作(胡逢祥)

梁启超论《孟子》(汤志钧)

刘师培的一则佚文——《劝告中国人士宜速习世界新语》(张仲民)

英文摘要(葛鉴瑶译)

史林特别推荐书目:《史家与史学》(王家范著,广西师范大学出版社 2007 年版);《中国近代经济史研究:清末海关财政与通商口岸市场圈》([日]滨下武志著,江苏人民出版社 2006 年版)

2007 年第 4 期(总第 100 期),2007 年 8 月 20 日

目录

探索毛泽东晚年的生命焦虑(萧延中、曾子墨)

晚清中西文明观的形成——以 1870 年代后期至 90 年代初期为中心([日]手代木有儿著,李鹏运译)

从藏书楼到图书馆:中国近代图书馆制度之建立(左玉河)

基督宗教与近代中国的社会和谐——以中华基督教青年会为例(侯杰、王文斌)

论孙中山民族主义思想的几个特点(崔志海)

民国时期对外籍律师的限制——以上海为例(陈同)

上海银行业保人制度改良述略(刘平)

外地红卫兵驻沪联络站的建立和撤销(金大陆)

从严佛调、朱士行说中土的僧姓法名(严耀中)

《三国志·诸葛亮传》质疑(唐玲)

退隐与抗愤——晚明江南士人的生存困境及其应对(陈江)

徐霞客旅途中的"夜生活"——在投宿地住居一晚的生活情况(郑祖安)

皇权、景观与雍正朝的江南海塘工程(王大学)

西餐引入与近代上海城市文化空间的开拓(邹振环)

地方精英与上海抗战——以"一二八"事变期间的上海市民地方维持会为例(白华山)

论地方志编修的若干问题——兼与《中国现代方志学》商榷(刘其奎)

林·亨特与新文化史(周兵)

《上海:中西交汇里的历史变迁》序(杨国强)

元代首任"上海县达鲁花赤"舍剌甫丁考释(郭晓航)

英文摘要(葛鉴瑶译)

史林特别推荐书目:《圣约翰大学史》(熊月之、周武主编,上海人民出版社2007年版);《发展与落差——近代中国东西部经济发展进程比较研究》(戴鞍钢著,复旦大学出版社2006年版)

2007年第5期(总第101期),2007年10月20日

目录

巴西招募华工与康有为移民巴西计划之初步考证(茅海建)

从《东京审判》到东京审判(程兆奇)

南北对峙与上海广东社会内的政见纷扰(1917—1927)(宋钻友)

晚清以来"山西文化"的逐渐形成——兼论行政层级与经济网络的双重规整(刘影)

邓承修:另类"清流"(王维江)

穆藕初的西学思想(高俊)

区域性世界与世界性区域(王国斌)

从人口性比例失调看汉魏时期道教的兴盛(高凯)

摩尼教"五大"考(芮传明)

唐代皇帝的出生、即位和死亡地点考析(陈磊)

13世纪产业革命及其影响初探(金志霖)

禁欲与放纵:魔鬼信仰与近代早期西欧的资本主义(陆启宏)

思想的理解与考证——读萧公权著《中国政治思想史》点滴(陈克艰)

从书籍史到阅读史——关于晚清书籍史/阅读史研究的若干思考(张仲民)

继往开来:进入新世纪的宋以后宗族研究——"宋以后宗族形态与社会变迁国际学术研讨会"综述(常建华)

英文摘要(葛鉴瑶译)

史林特别推荐书目:《华北的叛乱者与革命者:1845—1945》([美]裴宜理著,商务印书馆2007年版);《广东人在上海(1843—1949)》(宋钻友著,上海人民出版社2007年版)

2007年增刊(总第102期)(口述史研究专号3),2007年11月30日

目录

陆树藩其人与皕宋楼藏书售日事(徐桢基口述,虞云国整理)

荷兰对汉学研究的贡献([荷兰]戴闻达讲演,马军译注)

方行先生口述(方行口述,方放整理)

我在日本和中国的经历(徐祖琼口述,[日]笹田和子整理注释)

"我的大学"——回忆我在关东学院大学的岁月(葛涛)

柯庆施的家世和青少年时代(节录)(何泉达)

"创造一个新的世界、新的人生"——忆女作家、教授方令孺(傅道慧)

我和上海电影的不解之缘(于洋口述,王岚整理)

有关老上海仙乐斯舞宫的若干情况(陆志根口述,孙琴安采访)

一个老上海白领的回忆(陆德业口述,饶玲一记录)

我的劳动生涯——上海老工人系列访谈之一(孙兴大口述,段炼整理)

两代"外国铜匠"与恒新机器厂(张钦康口述,张和声整理)

乡居的冲突(田启口述,丁贤勇整理)

近代江南小地主的日常生活(一)——武进郑陆桥姚家头姚氏家史(姚榜义口述,承载、姚浦整理)

上海浦东童养媳个案调查记录(付琴仙口述,瞿晓凤、程郁整理)

绛衣禹步,鹤发丹心——上海川沙曹岁辛道长访谈录(曹岁辛口述,龙飞俊整理)

往事的回忆(二)(杨文蔚口述,杨晓芬整理)

不思量自难忘:我在十年浩劫中的遭遇(唐耿良口述,唐力行整理)

沧桑五十年(三)(陈关康原作,陈正青整理)
上山下乡我在云南(沈志明自述)
香港华资银行口述历史访问——永隆银行(李培德)
亲人追忆——徐润的曾孙徐希曾先生访谈(徐希曾口述,张秀莉整理)
编者的话(《史林》编委会)
史林征订启事
《史林》订阅回单

2007年第6期(总第103期),2007年12月20日

目录
思想改造运动中的潘光旦——潘光旦"历史问题"的由来及其后果(杨奎松)
建筑中的意识形态与民国中山纪念堂建设运动(陈蕴茜)
1945至1949年上海米商研究(马军)
论中国近代青年产业工人的历史命运(马庚存)
清末烟苗禁种与反禁种的历史考察(邵雍)
清末的改良与革命——从戊戌后思想启蒙看有志之士的觉悟与抉择(汤仁泽)
两江总督的定制及职掌探述(龚小峰)
论郑观应的道教信仰与经世实务之关系(张秀莉)
袁世凯幕府与清末新政(李志茗)
论湘湖水利集团的秩序规则(钱杭)
女子学堂与辛亥革命——以上海宗孟女学堂为例(李益彬、

李瑾)

董仲舒思想文化与西汉中前期的政治变革(陈祖怀)

明代赋税征银中的负面问题(黄阿明)

从鼎盛到中落——上海作为全国外贸转运中心地位的变迁(1864—1930)(唐巧天)

上海商界与关税特别会议(陶水木)

论吕思勉的宋史观(虞云国)

章学诚的"才智类型"论(章益国)

杜赞奇《从民族国家拯救历史》解读(谢维)

文化的水与嬗变的社会——读行龙新著《以水为中心的晋水流域》(邓宏琴)

英文摘要(葛鉴瑶译)

史林特别推荐书目:《传统中国研究集刊》(芮传明主任,上海人民出版社2006—2007年版);《察合台汗国史研究》(刘迎胜著,上海古籍出版社2006年版)

2008年

2008年第1期(总第104期),2008年2月20日

目录

吕思勉与"新史学"(王家范)

中国城市史研究综述(1986—2006)(熊月之、张生)

挑战传统史学观及研究方法——史学理论与中国城市史研究在美国及西方的发展(魏楚雄)

国本、个人与公意——五四时期关于政治正当性的讨论(许纪霖)

旅欧期间周恩来批判的"三泊"是谁?——兼论周早期与无政府主义的关系(邬国义)

"歇家牙行"经营模式在近代西北地区的沿袭与嬗变(胡铁球)

近世江南乡居士绅的城乡流动——以分湖柳氏为例(吴强华)

英语世界"江西历史研究"的回顾(梁洪生)

民国时期离婚现象再探讨——以20世纪20年代的山西省为个案(贾秀堂)

礼俗改造的学术实践——20世纪二三十年代中国民俗学家的礼俗调查(沈洁)

论湘湖九个世纪的功能嬗变(陈志根)

归位:建国初期上海游民改造对象分析(阮清华)

冷战时期印度与苏联的关系及其影响(胡志勇)

本刊启事(《史林》编辑委员会)

杜鲁门政府与韩国1952年宪政危机(陈波)

英文摘要(葛鉴瑶译)

2007年总目录

史林特别推荐书目:《晚清新学书目提要》(熊月之主编,上海书店出版社2007年版);《江南区域史论著目录(1900—2000)》(陈忠平、唐力行主编,北京图书出版社2007年版)

2008年第2期(总第105期),2008年4月20日

目录

近代中国的注册会计师(杜恂诚)

轮船招商局官督商办经营体制形成的原因及影响(罗苏文)

20世纪三四十年代中国的统制经济思潮(钟祥财)

朝阳大学法律教育初探——兼论民国时期北京律师的养成(邱志红)

士习文风:清代的科举考试与移风易俗——以《乾隆中晚期科举考试史料》为中心(常建华)

江南周宣灵王信仰的发生及其演变(朱海滨)

对清代以来江南市镇中脚夫群体的考察(申浩)

率由旧章:前近代汾河流域若干泉域水权争端中的行事原则(张俊峰)

试论北魏碑志关系的转化与墓志形制演变(马立军)

明伦、公议、教化——明末清初明伦堂与江南地方社会(冯玉荣)

区位、空间与城市发展:厦门个案(戴一峰)

1927—1936年上海的妇幼卫生事业——以卫生行政为中心的讨论(赵婧)

略论加拿大城市的起源(李巍)

美国与北欧防务联盟计划的失败(丁祖煜、李桂峰)

50年代美国的西藏政策及其秘密行动(程早霞)

香港企业史研究概览(李培德)

《义理与事功之间的徊徨》后记(杨国强)

《日本现存南京大屠杀史料研究》后记(程兆奇)
英文摘要(葛鉴瑶译)
上海社会科学院五十周年院庆公告

2008年第3期(总第106期),2008年6月20日

目录

凌廷堪与戴学(路新生)

孙诒让石刻学成就初探(虞万里)

溯源与追忆:东汉党锢新论(秦蓁)

从1885年盛宣怀入主招商局看晚清新式工商企业中的官商关系(朱荫贵)

晚清中日文化交往视域中的皖人与日本(舒习龙)

民初梁启超中坚政治论与研究系知识分子的形成([韩]吴炳守)

1920年以前农民对变化的市场以及中国棉花改良政策的回应([日]濑户林政孝)

北洋军阀词语探源——简论北洋军阀、北洋集团概念的使用(张华腾)

论日本在伪蒙疆政权时期实行的贸易统制政策研究(丁晓杰)

北京红卫兵在上海(上)——首都红卫兵南下兵团始末(1966.9.10—9.30)(金大陆)

明清时期医德问题的社会史考察——以16至18世纪为中心(马金生、付延功)

从界限到界线:湖滩开发与省界成型——以丹阳湖为例(徐建平)

革命与生意——以辛亥革命时期的上海为例(瞿骏)

近代上海闽商整体退却及其原因(高红霞)

莫普改革与法国旧制度末年的政治文化转变(洪庆明)

试论《中国评论》在西方汉学史上的地位和价值(王国强)

以国家主义为中心构建的历史体系——常乃悳世界史研究成就探析(张炜、郭方)

英文摘要(葛鉴瑶译)

史林特别推荐书目:《上海大辞典》全三册(王荣华主编,上海辞书出版社2007年版)

2008年第4期(总第107期),2008年8月20日

目录

印刷的世界:书籍、出版文化和中华帝国晚期的社会([美]梅尔清著,刘宗灵、鞠北平译,马钊校)

晚清出版的生理卫生书籍及其读者(张仲民)

从舆论到行动:清末《北京女报》及其社会姿态(湛晓白)

学人聚合与中国学界"自组织"——以1940年代《思想与时代》学社为中心(何方昱)

崇厚与晚清外交(汤仁泽)

关于英翰的旗分、勇号和卒年(袁燮铭)

试论建国初期的通货膨胀及其成功治理(贺水金)

战国时期齐国疆域变迁考述(李晓杰)

高丽司法制度对唐制之变形研究(张春海)
明朝士大夫的安南观(陈文源)
明清时期徽商在浙江衢州(陈学文)
明代官场常例钱初探(夏邦、黄阿明)
清中叶赣南的会匪问题与政府控制——以《清实录》为考察中心(李晓方、温小兴)
穆藕初的社会改良思想(高俊)
关内移民与松花江中下游、沿岸城镇的近代化(杨松涛)
上海与宁波的外贸埠际转运变迁(1866—1930)(唐巧天)
经济史视野中的大国崛起——基于荷兰、英国和美国的经验(温俊萍)
我们这一代汉学家——魏斐德教授访谈录(邹羽采访记录,徐有威整理)
空间结构理论与区域史研究述论(姚永超)
清代经济史研究的新进展(高王凌)
英文摘要(葛鉴瑶译)
史林特别推荐书目:《晚清的士人与世相》(杨国强著,生活·读书·新知三联书店2008年版);《义理与事功之间的徊徨——曾国藩、李鸿章及其时代》(杨国强著,生活·读书·新知三联书店2008年版)

2008年第5期(总第108期),2008年10月20日

目录

张佩纶:悲情"清流"(王维江)

离异与回归——中国幕府制度的嬗变(李志茗)

"百代"浮沉——近代上海百代唱片公司盛衰纪(葛涛)

"四三年废约"以后民国政府对基督宗教的监管：以浙江为例(陈红梅)

明清陕南移民开发状态下的人虎冲突(曹志红、王晓霞)

政令、时令与江南海塘北段工程(王大学)

从"乐府拟补题"创作看清初士人心态(刘东海)

"丁戊奇荒"时期的山西粮价(郝平、周亚)

年中度岁与晚清避疫——以光绪二十八年为主的考察(路彩霞)

唐代长安女性消费研究(张剑光、张洁)

太平天国的婢女问题(廖胜、王晓南)

刘王立明与民国时期中国妇女节制运动(李净昉)

民国时期关于"生育节制"的四大论战([韩]俞莲实)

语言建邦与印度半联邦制的形成(高子平)

解构日本战后经济民主化改革"三大支柱"(冯玮)

全真道教史研究的另一种取向——读蜂屋邦夫《金代道教研究：王重阳与马丹阳》(程群)

"进村找庙"之外：水利社会史研究的勃兴(张爱华)

近代长江三角洲棉业外贸研究述评(于新娟)

英文摘要(葛鉴瑶译)

上海社科院历史研究所《史林》编辑部关于引文注释的规定(试行)

史林特别推荐书目：《走向田野与社会》(行龙著，生活·读

书·新知三联书店 2007 年版);《西方传教士与晚清西史东渐》(邹振环著,上海古籍出版社 2007 年版)

2008 年第 6 期(总第 109 期),2008 年 12 月 20 日

目录

新中国土改背景下的地主问题(杨奎松)

略论中国近代科研机构体制及其特征(张剑)

张弛有道:从圣芳济学院看近代在华天主教中学的一种管理模式(施扣柱)

沈敦和与中国红十字会(周秋光、曾桂林)

论民国时期陈垣的交游世界——以基督宗教界为中心(刘贤)

先秦儒道"内圣外王"说会议(陈祖怀)

从人口性比例和疾病状况看西域在汉晋时期佛教东渐中的作用(高凯)

孔融《上书请准古王畿制》系年考(龚志伟)

道门威仪考(周奇)

"排年"新考(刘文香)

明清以来江南民间信仰中的庙界:以苏、松为中心(王健)

近代华北庙会与乡村社会精神生活——以山西平鲁为个案(谢永栋)

徘徊于传统与现代之间:从竹枝词看近代上海文化风气的变迁(王毅)

从知识体制中心走向自由媒体市场——"新月派"文人在上海(叶中强)

超越地域的疆界:有关区域和区域比较研究的若干思考（唐力行）

走向田野与社会:社会史研究的本土化取向（邓宏琴）

澳门金石与澳门文化——简说《金石铭刻的澳门史》和《澳门——殖民沧桑中的文化双面神》（何泉达）

城市研究的历史情境——"近代中国城市发展与社会生活变迁"学术研讨会暨亚洲新人文联网会议综述（岳钦韬）

英文摘要（葛鉴瑶译）

上海社科院历史研究所《史林》编辑部关于引文注释的规定（试行）

史林特别推荐书目:《近代中国商会、行会及商团新论》（朱英著,中国人民大学出版社 2008 年版）;《近代西北回族社会组织化进程研究》（霍维洮著,宁夏人民出版社 2000 年版）

2009 年

2009 年第 1 期(总第 110 期),2009 年 2 月 20 日

目录

省会城市史:城市史研究的新亮点（何一民）

上海与天津清末地方自治的比较——从城市管理机构建立角度（张利民）

晚清西方人种分类说传入考辨（张晓川）

论"包、保、报"与清末官督商办企业——以光绪二十二年盛

宣怀接办汉阳铁厂事件为例(李培德)

包容与赦宥:清末民初对女性犯罪的宽宥研究(1901—1919)(艾晶)

生存与公正:"二五减租"运动中四川农村租佃关系探讨(李德英)

论民国时期的中外合资银行(李一翔)

徊徨在问学与论政之间的知识人——以1930年代《大公报》"星期论文"作者群体为例的分析(唐小兵)

周恩来与1956年的反冒进——记中共中央关于经济建设方针的一场争论(沈志华)

北京红卫兵在上海(下)——首都红卫兵南下兵团始末(1966.9.10—9.30)(金大陆)

"蔺相如现象"的文化阐释(张有智、何海斌)

《司马芳残碑》补释——以中正成立的年代为中心(仇鹿鸣)

从《太平广记》的记载看唐后期五代的商人(陈磊)

书显昭文——元代书、画、诗僧溥光生平考述(王颋)

18世纪中国政治视野下的"张元隆案"(唐博)

孙中山文集整编之回顾与发展——兼评介黄彦编《孙文选集》(刘维开)

关于20世纪上半叶中国民族问题研究的原始资料——以台湾地区的收藏状况为中心([日]上野稔弘著,钱杭译)

英文摘要(葛鉴瑶译)

2008年总目录

史林特别推荐书目:《中国近代史十五讲》(陈旭麓著,中华书局2008年版);《浮想录》(陈旭麓著,复旦大学出版社2008年版)

2009年第2期(总第111期),2009年4月20日

目录

唐长安住宅的规模(张永帅、唐亦功)

《五车韵府》的重版与十九世纪中后期上海的英语出版业(司佳)

清末闸北开辟"通商场"再探(张笑川)

近代上海棚户区与国民政府治理能力(蔡亮)

仪式的凝聚力:现代城市中的行业神信仰(沈洁)

走向世界:中国参加早期世界博览会的历史研究——以中国旧海关出版物为中心(吴松弟)

近代中国女子剪发运动初探(1903—1927)——以"身体"为视角的分析(姚霏)

论汪精卫1925—1927年"联共"的策略性(李志毓)

英译本《寻乌调查》"导言"([美]汤若杰著,刘慧译)

论魏晋国家政权与豪族大土地所有制的关系:抑兼并与"守清贫"(薛海波)

论"永宁见灾"(姜望来)

宋代叙封制度考述(杨恒平)

由《曾子》十篇看《性自命出》的成书及理路——兼谈宋儒对先秦儒学的误读(刘光胜)

明代中央政府与六科的权力关系(唐克军)

天变与党争:天启六年王恭厂大灾下的明末政治(刘志刚)

关于苏州钟表制造的起始年代问题——对汤开建教授、黄春燕女士质疑的回应(郭福祥)

浅议基督教修道生活兴起于埃及的经济与社会结构因素——从安东尼的社会地位谈起(董晓佳)

盛衰弹指间——美国30年代大萧条起因(张和声)

肯尼迪政府的"时势观"与对华政策(张屹峰)

近代公园理论与中国近代公园研究——读《都市与公园论》(崔志海)

"新史学"视野中的近代中国城市公共卫生研究述评(李忠萍)

英文摘要(葛鉴瑶译)

本刊启事(《史林》编辑部)

史林特别推荐书目:《日本现存南京大屠杀史料研究》(程兆奇著,上海人民出版社2008年版);《近代社会变迁中的上海律师》(陈同著,上海辞书出版社2008年版)

2009年增刊(总第112期)(口述史研究专号4),2009年5月20日

目录

重回上海拍电影(王为一口述,王岚采访整理)

追随陈心园先生的日子(张景林口述,严晓星采访整理)

我的书画生涯(一)(承名世口述,承载采访整理)

我的交际舞生涯（钱祥卿口述，马军采访整理）

朱权先生访谈录（冯筱才采访，傅佳雯、卢佳、沈福义、智勇整理）

上海百货业史口述访谈录（李承基口述，李培德采访）

孙曜东口述访谈记录（一）（孙曜东口述，冯筱才、沙青青采访整理）

口述、性别与上海抗战史（陈雁）

"我们都是延安人"——部分上海离休干部口中的延安（单冠初、张金晶采访整理）

抗日救国始少年，革命征程谱新篇（李家炽口述，宋时娟、王志鲜采访整理）

上山下乡——在艰苦和感动中成长（阮显忠口述，张刚、楼曙光采访整理）

四根之果（容永道口述，房芸芳采访整理）

沧桑五十年（四）（陈关康原作，陈正青整理）

丹青难写是精神——江苏省常州市清真寺赵华宇、米志成两代阿訇访谈录（葛壮采访注释）

风雨人生路，一颗爱道心（王贵荣口述，龙飞俊采访整理）

从俄语教师到日语教师（李维坤口述，[日]笹田和子采访整理）

沪上著名律师李小华访谈录（施扣柱采访整理）

路漫漫其修远兮，吾将上下而求索（陈佩芬口述，陈凌采访整理）

在曲折中前进的"左联"纪念馆（张小红口述，顾良辉采访

整理）

传颂先贤，吾辈有责——张充仁纪念馆筹建前后（郁贤镜、张渊口述，俞平采访整理）

口传艺术与新疆民族文化的传承及保护（王慧敏）

民国时期陕西富裕农家生活（路竹梅口述，文丹、程郁采访整理）

老上海咖啡馆点滴（胡守训口述，章斯睿采访整理）

宁波故乡旧俗（张钦康口述，张和声采访整理）

我们的票证年代（程梦飞、王亚兰口述，程源采访整理）

"五一二"大地震前后的都江堰（张奥口述，黄婷采访整理）

活着，多么美好（张马力自述）

"文革"中的上海工人保守派（马骥、李剑钰口述，李逊采访整理）

云南"痛打落水狗"见闻录（周公正自述）

南京雨花台"三·二四"事件始末（潘朝曦口述，秦蓁采访整理）

逝者如斯：我的整理感言（唐力行）

评《口述大寨史——150位大寨人说大寨》（叶昌纲）

记忆、口述与真实——《幸会幸会，久仰久仰》述评（王丽君）

史林特别推荐书目：《别梦依稀——我的评弹生涯》（唐耿良著，商务印书馆2008年版）

2009年第3期（总第113期），2009年6月20日

目录

编纂《中国家谱总目》传承中华历史文化(王鹤鸣)

邺城——中国、亚洲与世界城市史研究中的一个谜(牛润珍)

唐代的波罗门僧和婆罗门教(严耀中)

摩尼教"五种大"新考(马小鹤)

外来之风与本土习俗:唐代上元燃灯之源流及其嬗变(朱红)

明清以来徽州的疾疫与宗族医疗保障功能——兼论新安医学兴起的原因(唐力行、苏卫平)

清初宁波文人的西学观:以黄宗羲为中心来考察(刘耕华)

郭实腊《贸易通志》简论(熊月之)

论晚清经世文编中"学术"的边缘化(章可)

大灾之下众生相——黄河铜瓦厢改道后水患治理中的官、绅、民(贾国静)

北洋时期中华全国铁路协会研究(马陵合)

抗战时期的国家与大学政治文化:中央大学"易长"研究(蒋宝麟)

淮海战役总前委辨析(洪小夏、刘俊平)

内向化与外向化——开埠前后上海、宁波两港不同的发展态势(王列辉)

论近代上海外资企业的路径选择(贺水金)

上海总商会在华盛顿会议前后收复国权的主张和活动(许冠亭)

论 1935 年金融恐慌中的"小三行"改组(张秀莉)

萨福与古希腊女同姓恋(裔昭印)

历史的当代阐释典范:半个世纪来法国革命史学研究述略

（洪庆明）

论甘地宗教和谐思想的实践（尚劝余）

英翰勇号再考（袁燮铭）

谈"伪军"——《伪军》书后（程兆奇）

对当前中国社会史研究若干问题的反思（白华山）

英文摘要（葛鉴瑶译）

史林特别推荐书目：《东方摩尼教研究》（芮传明著，上海人民出版社2009年版）；《库域型水利社会研究——萧山湘湖水利集团的兴与衰》（钱杭著，上海人民出版社2009年版）

2009年第4期（总第114期），2009年8月20日

目录

对辜鸿铭《中国人的精神》的接续与超越——孙中山晚年褒扬儒学理路试释（姜义华）

民国时期鄂豫皖三省沿江边界调整与江堤维护（徐建平）

抗战时期国统区"抓壮丁"现象剖析（冉绵惠）

20世纪50年代我国实行律师制度的短暂过程及其历史思考（陈同）

招商局并购美商旗昌轮船案与"商战论"（易惠莉）

"拯救灵魂"的努力：晚清洗心局、迁善局的出现与演变（黄鸿山）

论清末新政时期的行政改革（李志茗）

论中国近代纸币流通的二维结构——以小区域流通纸币为

视角(陈晓荣)

薛焕与普鲁士东亚外交特使团(王维江)

略论近代上海同业业规之变革(樊卫国)

反清·抗俄·反帝——苏报案英雄形象的建构(王敏)

从"接收"到"重组"——租界沦陷初期日本当局对上海的经济政策取向(甘慧杰)

先秦"顾容"礼钩沉(凡国栋)

战国末期至西汉初年的妇女婚姻家庭生活——以睡虎地秦简和张家山汉简为主要研究对象(黄爱梅)

张家山《二年律令》与《风俗通义》中两则案例的对读(张朝阳)

论建国以来出土文献中的教育史资料(张传官)

清华简《乐诗》与"西伯戡黎"再探讨(刘成群)

"清华简"武王所戡之"黎"应为"黎阳"(王鹏程)

利用战国竹简文字释读春秋金文一例(魏宜辉)

也谈云梦睡虎地秦简《魏律》——从有关姜太公的经历说起(代生)

从汉简本《仪礼》看《仪礼》在汉代的传本(杨天宇)

城市史研究的范围与方法——试论历史地理学、古都学及城市史学之关系(毛曦)

中国史研究的路径:从悖论到理论——读黄宗智《经验与理论:中国社会、经济与法律的实践历史研究》(何建国)

对英美富强之道的新解读——评梅俊杰著《自由贸易的神话:英美富强之道考辨》(王震毅)

第四届传统中国研究国际学术研讨会综述(琴川)

英文摘要(葛鉴瑶译)

史林特别推荐书目:《上海报人社会生活(1872—1949)》(王敏著,上海辞书出版社 2008 年版);《夜来临:吴国桢见证的国共争斗》(吴国桢著,吴修垣译,马军校订、注释,香港中文大学出版社 2009 年版)

2009 年第 5 期(总第 115 期),2009 年 10 月 20 日

目录

非城非乡、亦城亦乡、半城半乡——论中国城乡关系中的小城镇([美]卢汉超)

晚清浙江丝茧厘金与地方丝茧市场(侯鹏)

宋耀如与林乐知(段炼)

声望、人缘与地缘——以新中国成立前后的省主席为考察中心(陈德军)

女性,地域性,现代性——越剧的上海传奇(姜进)

河道、风水、移民:近代上海城周聚落的解体与棚户区的产生(吴俊范)

近代上海公共租界工部局的水费监管及特征分析(樊果)

民国时期上海书画家社会生活(1912—1937)(田一平)

"文质"之辩与中国历史观之构造(杨念群)

两宋淮南地区物资转输地理格局初探(张勇、曹卫玲)

忽必烈时期提举河渡司设置考(武波)

奢侈性消费与晚明士商的身份认同(原祖杰)

明代九边守战与生活用水（胡英泽）

明清以来苏松地区民间祠庙的收入、产权与僧俗关系（王健）

人丁编审废止后的人丁——从清后期江浙地区几部《赋役全书》展开（薛理禹）

从"家学"到"显学"——清代今文经学的复兴与和珅专权（汤志钧）

更正启事（《史林》编辑部）

论塔西佗历史写作的批判性——以 SCPP 与《编年史》的文本比较为中心（熊莹）

苏美关系与战后苏联难民、侨民遣返（张在虎）

英美在对苏东国家出口控制上的冲突与合作（1961—1963）（刘子奎）

"加州学派"与 18 世纪中欧经济史比较研究（杜恂诚、李晋）

近三十年清代监狱史研究述评（陈兆肆）

英文摘要（葛鉴瑶译）

史林特别推荐书目：《大变局下的晚清政治》（李志茗著，上海古籍出版社 2009 年版）；《唱片与近代上海社会生活》（葛涛著，上海辞书出版社 2009 年版）

2009 年第 6 期（总第 116 期），2009 年 12 月 20 日

目录

城市化进程中的冲突与整合——清初双林镇王式京控案分析（孙冰）

江南席家与扫叶山房(马学强)
民国上海的"城市空间"与文人转型(叶中强)
1949年以来上海苏北人歧视的消解(邵建)
汉代灾荒的自然生态考察(高俊、王刚)
汉武帝经略西域的策略研究(张安福)
摩尼教突厥语《忏悔词》新译和简释(芮传明)
《石彦辞墓志》文句正读和史事索隐(虞万里)
第一次雅克萨之战清军所得人口考(金鑫)
从18世纪中西文学作品看全球贸易与货币历史的关系
　　([澳]荷尼夫)
崇厚与洋务运动(汤仁泽)
儒学与宗教——论康有为对宗教的阐释及其对诸教的判分
　　(程群、曾奕)
"独其一死可塞责"——江召棠之死与清末南昌教案(杨雄威)
现代中国知识分子的悲剧:以"挽留蔡元培"为中心(马勇)
从"民贵说"到"劳工神圣"——从蔡元培的民本思想谈起
　　(冯志阳)
《多余的话》与瞿秋白躯体的历史意象(海青)
国家权力的侵入与大学自治的难局——以浙江大学导师制
　　的兴衰为中心(1936—1945)(何方昱)
宋子文的人际关系与战时重庆官场异动(郑会欣)
日本侵略政策演变中的汪伪政权财政(潘健)
日本有关"社会主义中国"的历史研究简介([日]三品英宪)
"纪念冯桂芬诞辰200周年学术研讨会"综述(江文君)

"社会史研究前沿"中青年学者论坛综述(张生、张笑川)

英文摘要

史林特别推荐书目:《"清流"研究》(王维江著,上海书店出版社2009年版);《经世悲欢:崇厚传》(汤仁泽著,上海社会科学院出版社2009年版)

2010年

2010年第1期(总第117期),2010年2月20日

目录

南宋两浙路的市镇发展(吴业国)

近代上海小报视野下的苏州评弹(洪煜)

近代化的"退"与"进"——近代上海电报通信权的交涉(韩晶)

谣言与金融危机:以1921年中交挤兑为中心(马建标)

周代天子大祀卜筮对象及占具初探(朱琨)

战国时期齐稷下学者的论文汇编——银雀山竹书《守法》等十三篇辨析(杨善群)

试论"两唐书地理志"的断限问题(陈凯)

北宋前期宰相官衔再探(田志光)

南宋医药行政管理机构研究(朱德明)

缥囊缃帙:清代前期江南书籍的日本销场(范金民)

神秘的语言和沟通——19世纪四川袍哥的隐语、身份认同与政治文化(王笛)

中国传统乡村社会士绅权威地位的多元来源——以义和团前后华北乡村地方政治为主要事例(赵建辉)

济南事件期间的蒋介石与对日"不抵抗主义"(刘世龙)

从边缘到主流:抗战时期华北农村妇女特殊亚群体的演化(张志永)

西方人文主义研究学术钩稽(周春生)

两种自由之争——贡斯当"古代人的自由与现代人的自由之比较"探微(韩伟华)

托克维尔随想(傅铿)

名称与内涵——简评宫崎市定《九品官人法研究》(张旭华)

"网络"视野中的中国企业史研究述评(皇甫秋实)

第十届两岸三地历史学研究生论文发表会综述(徐有威、吴静)

"历史的记忆与未来"——上海市历史学会第六届青年学者论坛综述(岳钦韬)

英文摘要(葛鉴瑶译)

2009年总目录

史林特别推荐书目:《同乡组织与上海都市生活的适应(1843—1949)》(宋钻友著,上海辞书出版社2009年版);《青春飞扬——近代上海学生生活》(施扣柱著,上海辞书出版社2009年版)

2010年第2期(总第118期),2010年4月20日

目录

香港欧亚混血买办崛起之谜(郑宏泰、黄绍伦)

上海商会与中国近代博览会事业(乔兆红)

从华界垃圾治理看上海城市的近代化(1927—1937)(廖大伟、罗红)

上海"文革"时期的粮油供应——兼论"国家管理"的"在位"(金大陆)

城市的空气不一定自由——重新审视西欧中世纪城市的"自由"(朱明)

清季鸦片厘金税率沿革述略(周育民)

晚清官员的"攻日"对策(叶伟敏)

战争对近代安徽族田发展影响研究(王志龙)

东北政务委员会政治空间的膨胀(佟德元)

刘邦赴汉中所过栈道新解(晏波)

海运船户与元末海寇的生成(陈波)

《永乐大典》余纸考(张升)

徐霞客行游人生中的最高境界(郑祖安)

明清松江府进士人群的初步研究(陈凌)

明清京杭运河河工组织研究(吴欣)

"和珅压制庄述祖"辨——从艾尔曼教授的误读看史料运用(田吉)

梁漱溟家族始祖族属辨析(郭晓航)

"切支丹时代"欧洲火枪在日本的传播和影响(张兰星)

英国为何无缘澳新美同盟——从美国方面来考察(汪诗明)

百年冯桂芬研究概述(傅德华、于翠艳)

叶澄衷研究述评(李瑊)

走入传统中国的乡村社会——"中国东南地域文化国际学术研讨会"综述(祁刚)

英文摘要(葛鉴瑶译)

史林特别推荐书目:《1905年抵制美货运动:中国城市抗争的研究》(黄贤强著,高俊译,上海辞书出版社2010年版);《西方音乐家的上海梦:工部局乐队传奇》([日]榎本泰子著,赵怡译,上海辞书出版社2009年版)

2010年第3期(总第119期),2010年6月20日

目录

中国传统社会中的宗族与城市:以清代常州为中心(叶舟)

天津卫生局裁撤事件探析——清末中国卫生管理近代转型的个案考察(路彩霞)

论1928年上海地区的商会存废之争(朱英)

在广阔的视野中日渐丰满的城墙面相——中国古代城市城墙史研究综述(孙兵)

汉魏之际徐州的战略地位与归属(朱子彦)

六朝的漕运、地域格局与国家权力(张晓东)

试论刘太后与宋真宗朝史的编修(燕永成)

明建国前朱元璋集团的军事领导机构及其演变(黄阿明)

明清以来之姓氏与姓氏书(虞万里)

"插花地"的命运:以章练塘镇为中心的考察(吴滔)

从"科学救国"到"科学不能救国"——近代中国对科学认知

的演进(张剑)

鸦片战争时期中英炮弹技术和性能优劣再析(刘鸿亮)

疏导与制裁的困境——国民党北平当局的"五·二〇"学潮对策研究(贺江枫)

试析苏联1930年的农民骚乱(谭继军)

冷战偏见下的"中苏经济攻势"——20世纪50年代美国对社会主义国家与不发达国家经济联系的认识(姚昱)

20世纪中期英国空气污染治理的内在张力分析——环境、政治与利益博弈(刘向阳)

全球化时代与中国历史的书写——1930年代两个主流学术典范的交融会通(胡成)

历史教科书与历史和解——法德模式与中日模式探究(高兰)

博识通透的历史学家——读《方诗铭文集》(熊月之)

区域社会经济史研究的"说法"和"做法"——《唐宋时期明州区域社会经济研究》读后(刁培俊、刘佳佳)

经验、挑战、回应——李培德《继往开来——香港厂商75周年(1934—2009)》读后(张忠民)

漠视后勤:日本旧陆军的特性——评[日]藤原彰回忆录《中国战线从军记》(马军)

英文摘要(葛鉴瑶译)

史林特别推荐书目:《上博馆藏楚竹衣〈缁衣〉综合研究》(虞万里著,武汉大学出版社2009年版);《出入于中西之间:近代上海买办社会生活》(马学强、张秀莉著,上海

辞书出版社 2009 年版)

2010 年增刊(总第 120 期)(口述史研究专号 5),2010 年 7 月 20 日

目录

悠悠清泉,娟娟皓月——保姆眼中的宋庆龄(钟兴宝、尤顺孚口述,华平、单子恩、孙志远采访,王志鲜、段炼整理校注)

坚忍无悔的执着诉求——记俞秀松烈士冤案平反的艰难历程(俞敏口述,胡端、刘雪芹采访整理)

王元化访谈录(王维江、[德]舒秦玉凤、韦凌采访整理)

父亲石英(石鼎自述)

历经波折,好人相伴——一个老区委书记的人生历程(李伦新口述,王岚采访整理)

柯婧璞访谈录(李纯涛整理)

回忆父亲孙越崎和卢作孚的友谊(孙叔涵、朱丕荣、孙大武口述,袁鑫采访整理)

由商入政,了然人生——一位"民建"老人的回忆(陈景甫原作,戴海斌选编整理)

回忆我的父亲李毅士(李宗善口述,房芸芳采访整理)

别样年华——我在土山湾的岁月(章俊民口述,王正瀚、赵军采访整理)

20 世纪三四十年代上海贫民女孩眼中的世界(汤金娣口述,屠立晨、程郁采访整理)

从警界到舞界(朱永铭口述,马军采访整理)

解放前后苏北乡村妇女生活(焦胡兰、孟庆轩口述,杨蕾、程郁采访整理)

上海解放前后市民娱乐方式的变化——"老克勒"朱廷嘉口述访谈(史诗采访整理)

解放初期上海工厂的劳资状况与公私合营(张钦康口述,张和声采访整理)

一位上海城派道士的口述史——顾冠福道长访谈录(龙飞俊采访整理)

我是怎样领导互助合作的(赵苍小口述,王俊斌采访整理)

向涛访谈记录(黄婷采访整理)

"文祸"回味——我评姚文元文章的遭遇(姚全兴自述)

特殊年代里"si yi"与我的命运——关于"吴四一"的名字史(吴四一口述,林升女、林升宝采访整理)

从巧合到圆满——我的"文革"资料收藏史(陈国康口述,林升宝采访整理)

关于《学习与批判》的人和事(陈菡蓉采访整理)

续写征程谱新篇——回忆我在孙宋管委会工作的日子(华平口述,宋时娟采访整理)

在中共"一大"会址纪念馆走过的党史研究之路(任武雄口述,张玉菡采访整理)

徐光启纪念地口述访谈录(宋浩杰口述,张犇采访整理)

建龙华烈士陵园,展百年民族精神(王菊如口述,邵文菁采访整理)

让伟人精神之树常青，思想之花永不凋谢（刘国友口述，张洁明采访整理）

见证历史，发展友谊——记上海大韩民国临时政府旧址纪念馆（戴奕口述，刘雪芹、范星玥整理）

传统与现代交织出博物馆教育的华丽篇章（张元明口述，袁媛采访整理）

实践与方法的重奏——上海城区史研究中的口述运用（姚霏）

"我是1号"——周粉英老人二战时期被强迫为"慰安妇"的访谈史料整理（陈丽菲）

记忆中的土改岁月（1950—1952）——华岐村土改历史个案思考（朱泽鹏）

我在胡佛研究院读"蒋介石日记"（薛念文自述）

2010年第4期（总第121期），2010年8月20日

目录

早期世界博览会与清末民初商人外交的兴起（虞和平）

"围城"的困惑——试论唐宋以降的城乡差别观念（许哲娜）

从苏州到上海：评弹与都市文化圈的变迁（唐力行）

法国文化空间与上海现代性：以法国公园为例（苏智良、江文君）

上海滩上的"大卫王之星"——近代上海万国商团犹太分队研究（李光、徐涛）

试述养母身份变迁及其法律地位——基于宋元明清礼、法

文献记载的分析(孔潮丽)

唐末江南农田景观的形成(王建革)

《太平御览》引"唐书"再检讨(唐雯)

帕提亚语"摩尼致末冒信"的译释与研究(芮传明)

从"平等王"到"平等大帝"——福建霞浦文书《奏申牒疏科册》研究之二(马小鹤)

试论明清以来江南内河水运中的船夫生计(胡端)

南京大屠杀研究的几个问题(程兆奇)

"东南互保"之另面——1900年英军登陆上海事件考释(戴海斌)

清代地方民事纠纷何以闹上衙门——以《清代四川南部县衙档案》为中心(吴佩林)

19世纪的表述中国之争:以密迪乐对古伯察《中华帝国纪行》的批评为个案(潘玮琳)

吕思勉学术体系中的经学问题(王刚)

西方学者眼中的中国改革开放——以澳大利亚《中国研究》为例(薛念文)

试析18世纪法国"公众舆论"的演生与政治文化转变(洪庆明)

军人干政与土耳其民主政治(李秉忠)

近二十年来英美学者关于英属黑非洲帝国衰落原因的研究(杭聪)

英文摘要(葛鉴瑶译)

史林特别推荐书目:《苏报案研究》(王敏著,上海人民出版

社2010年版);《利害相关:明清以来江南苏松地区民间信仰研究》(王健著,上海人民出版社2010年版)

2010年第5期(总第122期),2010年10月20日

目录

"风化"与"风流":"淫戏"与晚清上海公共娱乐(魏兵兵)

1930年上海公共租界工部局水费加价始末及分析(刘京、樊果)

《史林》启事(《史林》编辑部)

从模仿到超越——上海小校场年画与苏州桃花坞年画(段炼)

历史文本的俗说与雅解——以"黄慧如与陆根荣案"为例(张生)

楚地山神研究(杨华)

中国古代文书副本之考察——兼论先秦社会汉字使用场的扩大(吕静)

北魏后宫墓志等级制度试探(苗霖霖)

周隋之际对高句丽册封的改易与隋丽关系之走向(周向峰)

宋元时期太湖以东地域开发与政区沿革(谢湜)

领悟与实践:欧阳修、吕夏卿"春秋笔法"异同研究(刘丽)

晚清至民国云贵鸦片的产销路径(戴鞍钢)

总理衙门总办章京研究(李文杰)

清代中期关于漕粮加赋的三次政策辩论(晏爱红)

从民法的制订看清末民国时期男女平等地位的法律建构

（陈同）

学术团体与知识建构：二十世纪三、四十年代之中国会计学社（魏文享）

限制与利用：南京国民政府时期省银行发行权的沿革（张秀莉）

国家、地方与乡村建设——1930—1940年河南宛西地方自治研究（池桢）

更正说明（《史林》编辑部）

西安事变前后的空中交通"热线"（孙果达、张蕾蕾）

略论世界大萧条与1930年代中国经济（李培德）

白金之价：中世纪英国盐价初探（13—15世纪）（马泽民）

传统的发明——法兰西第三共和国前期对共和文化的塑造（顾杭）

中国日常生活史研究述评（胡悦晗、谢永栋）

仁井田陞等《〈故唐律疏议〉制作年代考》及其在中国的学术影响（岳纯之）

英文摘要（葛鉴瑶译）

史林特别推荐书目：《中外文化交流择要——海纳百川的文化生成》（"感悟中华文化丛书"之一）（芮传明著，广东人民出版社2009年版）；《汉唐漕运与军事》（张晓东著，上海书店出版社2010年版）

2010年第6期（总第123期），2010年12月20日

目录

"素为沪地教会中学之冠"——近代上海徐汇公学研究（马学强）

青岛开埠与慈善公益事业兴起（蔡勤禹、侯德彤）

北洋时期"北四行"在上海（诸静）

唐后期江淮城市的发展及衰落（陈磊）

花东甲骨"多幸臣"与相关问题（姚萱）

自我作古：唐代的诞节（朱红）

雍熙战争与东北亚政治格局的演变（黄纯艳）

明清时期苏州的宗族观念与文化世族（徐茂明）

松萝山、松萝茶与松萝法——清中叶以前徽州名茶历史的初步梳理（邹怡）

由清刑律中有关妾的条法看妇女地位的复杂性（程郁）

粤词官音——卫三畏《英华韵府历阶》的过渡性质（程美宝）

崇实、崇厚兄弟与盛京整饬（汤仁泽）

绝对权力的虚置：民初政治中的主权与统治权问题（叶斌）

1928年秋冬易纨士斡旋中国南北关税会议流产记（单冠初）

照相与清末民初容貌辨认（葛涛）

党化教育下的学人政治认同危机：去留之间的竺可桢（1936—1949）（何方昱）

从"同年"到"同学"——圣约翰大学校友会与近代中国社会新型人际网络的建构（饶玲一）

论土地革命时期中共活动经费来源及影响（何益忠）

欧美三大医疗保险模式的历史成因（高芳英）

试论美国对外石油政策的形成（1941—1954）（赵庆寺）

研究老课题的新思路——评《1905年抵制美货运动》(高俊)
知识生产、学科形成与职业群体——"近代知识·职业·组织与社会变迁"国际学术讨论会综述(长弓、余人)

英文摘要(葛鉴瑶译)

征订启事

责任者索引

编者说明：
1. "责任者"系指所刊之文的著者、译者、口述者、整理者等。
2. 人名排列以汉语拼音为序，若首字相同则依次字，以此类推。
3. 索引内的数字系指《史林》总期数。

A

艾晶(110)

安希孟(20)

[韩]安允儿(97)

B

白华山(100、113)

卞湘川(9)

卜永坚(68、80)

[加]卜正民(72)

C

蔡建国(31、43)

蔡亮(111)

蔡勤禹(123)

曹家鹜(12)

曹峻(39)

曹莉芳(4)

曹岁辛(102)

曹卫玲(115)

曹志红(108)

柴惠庭(21、28、29、33)

柴健尔(6、17)

长弓(123)

常建华(73、80、101、105)

常霞青(11)

车效梅(74)

陈安全(77)
陈波(104、118)
陈长华(38、50)
陈长琦(19)
陈潮(8)
陈楚云(53)
陈德军(115)
陈恩林(31)
陈关康(82、92、102、112)
陈国康(120)
陈菡蓉(120)
陈红梅(108)
陈兼(76)
陈建敏(2)
陈江(70、77、90、100)
陈景甫(120)
陈君静(89)
陈凯(117)
陈克艰(40、43、47、60、71、101)
陈来生(79)
陈磊(88、101、110、123)
陈琍(98)
陈丽菲(92、120)

陈礼茂(73、92)
陈立仪(16)
陈凌(112、118)
陈梅龙(46、64、87)
陈梦熊(92)
陈明(75)
陈明光(25)
陈佩芬(112)
陈强(77)
陈瑞麟(82)
陈绍康(24)
陈申如(9)
陈剩勇(59、62、75、79)
陈世荣(95)
陈世英(14)
谌漱芳(82)
陈同(25、38、52、57、69、76、77、85、90、100、114、122)
陈卫民(1、2、11、17、24、27、30、32、36、39、42、46)
陈文源(107)
陈梧桐(85)

陈先春(27、29)
陈祥超(11)
陈晓鸣(77、79)
陈晓荣(114)
陈新权(4)
陈兴耀(10)
陈修良(2、3)
陈旭麓(54)
陈学文(13、83、107)
陈雁(112)
陈引弛(84)
陈映芳(2)
陈友冰(60)
陈蕴茜(74、80、90、96、103)
陈曾年(89)
陈兆肆(115)
陈正青(82、92、102、112)
陈正书(4、7、11、13、17、25、30、35、40、42、46、49、68)
陈志根(85、104)
陈忠锋(99)
陈祖恩(1、37、49、55、81、91、97)、
陈祖怀(8、12、16、18、21、29、30、38、41、43、58、64、96、103、109)
程美宝(71、79、123)
程梦飞(112)
承名世(112)
程念祺(35、41、47、50、56、58、68、73、78、88)
程岂凡(33)
程群(108、116)
程郁(23、66、82、88、92、102、112、120、123)
程源(112)
承载(14、20、22、30、34、41、43、55、62、69、102、112)
程早霞(105)
程兆奇(58、61、63、68、70、75、76、87、101、105、113、121)
程志强(62、65)
池桢(122)
仇华飞(49、73)

褚晓琦(87、96)

[日]川原胜彦(67)

崔恒秀(54)

崔志海(75、84、96、100、111)

崔志鹰(24、27、30、40、43)

[日]村松祐次(85)

D

戴鞍钢(5、19、79、122)

戴东阳(69、81、88)

戴海斌(120、121)

代生(114)

戴文宪(39)

[荷]戴闻达(102)

戴奕(120)

戴一峰(84、105)

邓宏琴(103、109)

邓京力(76)

邓新裕(6、7、38、48)

邓志雄(92)

[日]荻原充(26)

刁培俊(119)

丁钢(98)

丁凤麟(41、64、96)

丁建胜(89)

丁景唐(61、82)

丁凌华(17)

丁贤勇(86、102)

丁晓杰(106)

丁之方(15、18、27、33)

丁祖煜(105)

董德福(62)

董建波(95)

董晓佳(111)

董昕(92)

窦忠文(7)

[比]杜鼎克(AdDudink)(54)

杜维明(77)

杜恂诚(64、105、115)

段炼(67、92、102、115、120、122)

F

[法]约瑟夫·法斯(4)

范邦瑾(11)

樊果(115、122)
凡国栋(114)
范金民(20、74、85、99、117)
樊如森(97)
樊树志(3)
樊卫国(45、71、114)
樊文礼(66)
范喜茹(89)
范星玥(120)
范荧(90)
方放(102)
方福祥(39)
房建昌(46)
方平(33)
方诗铭(2、5、8、13、16、19、24、26、30、34、37、43、46、51、60)
[德]方维规(56)
方小芬(53)
方行(102)
方幼封(3)
房芸芳(67、92、112、120)
方志钦(28)

费毓龄(1)
费云(9)
冯峰(95)
冯丽蓉(36)
冯乾(84)
冯绍霆(13)
冯玮(108)
冯贤亮(77、83)
冯筱才(83、112)
冯玉荣(105)
冯志阳(96、97、116)
傅道慧(2、6、102)
傅德华(45、118)
傅佳雯(112)
[英]罗伯特·福钧(21)
傅铿(117)
[英]詹姆斯·乔治·弗雷泽(21)
付琴仙(102)
付延功(106)

G

[美]盖斯白(30)
甘慧杰(36、43、48、52、

60、69、73、114)

高芳英(55、63、69、123)

[日]高纲博文(29、37、97)

高红霞(27、59、64、72、106)

高建华(89)

高建枢(12)

高俊(82、83、92、94、101、107、116、123)

高凯(93、101、109)

高兰(119)

[日]高田幸男(43、67)

高王凌(95、97、107)

高智群(65)

高子平(108)

葛夫平(94)

葛鉴瑶(81、84、85、86、87、88、89、90、91、93、94、95、96、97、98、99、100、101、103、104、105、106、107、108、109、110、111、113、114、115、117、118、119、121、122、123)

[美]小弗雷德里克·D·格兰特(79)

葛涛(61、69、73、81、87、92、93、94、96、102、108、123)

葛壮(112)

龚小峰(103)

龚志伟(109)

顾柏荣(89)

顾长声(11)

顾承甫(1、5)

[日]谷川道雄(5)

[美]顾德曼(70、79)

顾杭(122)

顾洪(7)

顾吉辰(27)

顾建键(19)

顾军(89)

顾良辉(112)

顾宁先(82)

顾卫民(38、62)

顾晓虹(28)

顾炎甫(52)

圭如(13)

郭长刚(45、54)

郭方(106)

郭福祥(111)

郭海良(75)

郭建(22)

郭健(76)

郭黎(6)

郭黎安(15)

郭启东(82)

郭太风(60、67、81、93)

郭晓航(100、118)

郭旭东(31)

郭豫明(6、50)

H

海青(116)

韩家炳(95)

韩建业(89)

韩晶(117)

[美]韩起澜(4)

韩昇(75)

韩伟华(117)

杭聪(121)

郝平(86、108)

郝润华(89、95)

郝铁川(22)

何方昱(97、107、116、123)

何凤圆(31)

何桂全(34)

何浩(5)

何海斌(110)

何建国(114)

何建木(92)

贺江枫(119)

[澳]荷尼夫(116)

何平立(7)

何泉达(17、23、26、29、32、40、46、56、60、64、87、98、102、109)

[韩]河世凤(67)

贺水金(52、58、88、107、113)

[美]赫斯伯格(76)

何锡蓉(9、11)

何小莲(69、99)

何一民(110)

何益忠(59、86、123)

何玉红(97)

何泽福(20)

[日]横山宏章(41)

洪季凯(92)

洪建新(8)

洪九来(67)

洪庆明(106、113、121)

洪廷彦(3)

洪小夏(113)

洪煜(117)

侯德彤(123)

侯杰(100)

侯鹏(115)

侯勤梅(87)

侯旭东(83)

侯云灏(65)

胡安权(11)

胡宝芳(67)

胡波(79)

胡成(119)

胡道静(64、69、82)

胡端(120、121)

胡逢祥(85、99)

胡光(48)

胡礼忠(20、33、86)

胡绳武(5)

胡守训(112)

胡铁球(99、104)

胡英泽(115)

胡悦晗(122)

胡志勇(104)

黄阿明(94、103、107、119)

黄爱梅(114)

黄纯艳(123)

黄春艳(93)

皇甫秋实(117)

黄国信(91)

黄海澄(27)

黄鸿山(114)

黄明标(22)

黄朴民(34)

黄绍伦(118)

黄婷(79、82、112、120)

黄玮(55)

黄新田(6、10、13、26)

黄艳(89)

黄洋(99)

黄芷君(4)

华路(44)

华平(120)

华强(67、83)

华友根(7、22、26、32、42、63)

J

[英]爱德华·吉本(49)

吉光(42)

季惠群(22)

季平子(22)

姬庆红(92)

贾国静(113)

贾建飞(73)

加藤佑三(14)

简文晖(48)

蒋宝麟(113)

姜玢(68)

江冬妮(42)

姜铎(30)

江建忠(52)

姜进(94、115)

江利平(87)

姜鸣(10)

姜沛南(3、7)

姜望来(111)

蒋维崧(81)

江文君(116、121)

蒋星煜(22)

姜义华(53、54、62、66、67、95、97、114)

焦胡兰(120)

金彩红(62)

金大陆(88、92、95、100、106、110、118)

金德建(1、3、7、9、17、22)

金恒源(78)

金计初(5)

金晶(112)

金军宽(14)

金立人(12)

金良年(54)

金眉(7)

[英]T·W·金斯密(42)

金鑫(116)

金雁(8)

金志霖(84、101)
金重远(19、57、74)
金祖权(63)
[日]井上徹(71)
鞠北平(107)
[日]菊池敏夫(91)
璩墨熙(92)

K

[美]罗伯特·L·卡内罗(76)
康春林(68)
康璇(98)
[美]柯恩(12)
孔潮丽(121)

L

[日]濑川昌久(76)
[日]濑户林政孝(106)
李秉忠(121)
李长莉(69)
李承基(112)
李纯涛(120)
李德成(89)
李德靖(61)
李德英(69、70、93、110)
李敦送(4)
李复民(4)
李光(121)
李桂峰(105)
李国环(44)
李海生(87)
李华瑞(68)
李华兴(7、20、23、35、41、43、47、50)
李宏图(41)
李卉卉(85)
李家炽(112)
李嘉球(51)
李珹(67、70、118)
李剑雄(6)
李剑钰(112)
李江涛(80)
李瑾(90、103)
李晋(115)
李净昉(108)
李锦绣(80)
李经元(6)

李巨澜(83)

李铠光(74)

李凌(89)

李伦新(120)

李民(31)

李明(70、84)

李纳(80)

李培德(102、105、110、112、122)

李鹏运(100)

李谦(14、18、23、24、31、32)

李勤(19、26)

李庆(65)

李清凌(89、96)

李荣昌(6)

李如森(42)

李尚英(10)

离石(56、57)

李世众(49、87)

李思乐(75)

李天纲(5、9、12、39、43、49、56、57)

李巍(105)

李维坤(112)

李文杰(122)

李细珠(91)

黎霞(33)

李向平(38)

李晓方(107)

李啸虎(48)

李晓杰(107)

李晓羲(66)

李兴斌(39)

李秀石(2、42)

李学昌(73、95)

李逊(112)

李益彬(103)

李一翔(50、72、110)

李玉年(99)

李云芳(25)

李志茗(35、49、59、94、103、108、114)

李志毓(111)

李忠萍(111)

李忠人(35)

李宗桂(46)

李宗善(120)

梁禾(63)

梁洪生(104)

梁凌(11)

梁元生(45、58、98)

廖大伟(19、26、27、33、41、48、51、59、66、69、82、83、118)

廖胜(108)

林本梓(48)

林升宝(120)

林升女(120)

林勇军(4)

林增平(5)

聆耳(沈以行笔名)(19)

凌弓(32)

刘爱国(92)

刘岸冰(91)

刘伯涵(7)

刘昶(54)

刘成群(114)

刘东海(108)

刘芳(78)

刘耕华(113)

刘功成(21)

刘光胜(111)

刘国友(120)

刘海岩(93)

柳和城(75)

刘鸿亮(119)

刘慧(111)

刘家峰(78)

刘佳佳(119)

刘京(122)

刘俊平(113)

刘乐顺(92)

刘丽(122)

刘茂林(6)

刘敏州(9)

刘牧南(83)

刘平(100)

刘启峰(41)

刘其奎(9、100)

刘强(86)

刘秋根(89)

刘世龙(38、117)

刘炜(96)

刘维开(110)

刘文龙(9)

刘文香(109)
刘贤(109)
刘向阳(119)
刘修明(1、4、9、18、40、42、44、46)
刘雪芹(120)
刘学照(61、62、63、67、72、88)
刘轶强(93)
刘以顺(10)
刘影(101)
刘运承(1、3、10、15)
刘正刚(86)
刘志刚(111)
刘志伟(79)
刘子奎(115)
刘宗灵(107)
龙飞俊(102、112、120)
龙鸣(72)
楼嘉军(87)
楼曙光(112)
娄向哲(7)
卢柏军(8)
路彩霞(108、119)

陆德业(102)
陆凤章(10)
卢汉超(1、5、84、115)
卢佳(112)
陆菁(10、12、20)
卢开宇(70)
卢培栋(89)
陆培勇(18)
陆启宏(101)
卢仁龙(24)
陆文达(29)
陆文雪(48、52、53)
鲁西奇(93)
陆象贤(14、25)
路新生(52、106)
陆志根(102)
路竹梅(112)
罗德宝(92)
罗红(118)
罗继祖(14)
罗苏文(3、10、16、27、36、37、43、46、69、77、84、97、105)
罗艳春(80)

罗义俊(又见孟楚、孟初)
 (1、4、11、12、19、21、
 28、32、36、40、44、48、
 71、78)
罗志田(70)
吕静(13、21、25、31、34、
 90、122)
[日]吕玉新(22)

M

马承源(82)
马斗成(89)
马庚存(103)
马骥(112)
马建标(117)
马金生(106)
马军(31、32、35、41、43、
 54、61、62、63、64、65、
 66、68、70、73、78、82、
 91、92、102、103、112、
 119、120)
马立军(105)
马陵合(113)
马龙闪(66)

马庆文(20)
马小鹤(53、59、81、113、
 121)
马学强(29、34、37、43、
 48、50、61、65、69、72、
 79、82、86、95、116、
 123)
马一虹(75)
马勇(116)
马泽民(122)
马钊(107)
马忠文(55)
马自毅(5、65、81、87)
茅海建(96、101)
毛履亨(59、82)
毛曦(94、114)
[美]梅尔清(107)
梅俊杰(99)
孟楚(罗义俊笔名)(2、3、
 5、6)
孟初(罗义俊笔名)(9)
孟蒙(92)
孟彭兴(1、4、10、12、13、
 16、18、20、21、22、23、

25、26、30、33、34、36、38、42、45、50、53、57、61、66)

孟庆轩(120)

[英]托马斯·泰勒·密迪乐(6)

苗霖霖(122)

闵传超(67)

闵杰(83)

莫永明(9)

牟发松(81、90)

N

倪华强(25)

倪静兰(4)

倪钜卿(92)

倪培华(7)

聂红琴(61)

牛润珍(11、97、113)

P

杰克·帕特(40)

[美]苏拉米兹·帕特(40)

潘朝曦(112)

潘光(1、7、15、17、24、34)

潘光哲(95)

潘家春(8、11)

潘健(116)

潘君祥(4、16、37、70)

潘松鹤(29)

潘玮琳(121)

潘迎华(33)

[美]裴宜理(9、11)

彭善民(84、93)

彭晓亮(94)

彭勇(71)

[奥]皮尔兹(75)

Q

祁刚(118)

齐国华(2、6、10、13、16、18、21、24、25、27、29、31、33、35、38、42)

亓曙冬(52)

钱斌(93)

钱杭(5、9、12、17、22、28、29、39、41、51、54、

55、57、59、63、64、65、69、74、81、104、110)

钱明德(29)

钱穆(4)

钱文忠(64)

钱祥卿(112)

钱宗范(39)

钱宗灏(42)

谯枢铭(2、12、14、18、22)

乔兆红(118)

乔志强(51)

琴川(114)

秦岭(82)

秦胜(26)

覃雪源(57)

秦颖(14、38、51)

秦蓁(又见撄宁)(68、71、96、105、112)

邱立波(74、85)

仇鹿鸣(80、110)

邱巍(58)

邱志红(105)

瞿骏(91、99、106)

瞿晓凤(102)

曲英杰(44)

R

冉绵惠(114)

饶玲一(81、84、102、123)

饶景英(9、15、25、31、36)

阮清华(104)

阮显忠(112)

任建树(1、3、9、19、23)

任荣兴(35、39)

任武雄(120)

任云兰(91)

荣颂安(66)

容永道(112)

芮传明(21、23、27、29、33、35、39、43、46、51、55、59、61、62、68、72、75、81、95、101、116、121)

S

[荷]托尼·赛奇(7、14)

[日]三品英宪(116)

[日]森纪子(61)

沙青青(112)
[日]山根幸夫(34)
单冠初(66、91、112、123)
单弘(57)
单子恩(120)
[日]上田信(72)
尚扬(54)
[日]上野稔弘(110)
邵鸿(59)
邵建(62、72、75、116)
邵力群(29)
韶菁(9)
邵腾(93)
邵文菁(120)
邵雍(4、47、67、85、103)
沈大明(76)
申丁(1)
沈飞德(7)
沈福义(112)
申浩(63、105)
沈宏礼(7、20)
沈坚(27、32、37、45、49、53、94)
沈鉴治(92)

沈洁(91、98、104、111)
沈立新(5、11、14、20、24、28、31、39、43)
沈日新(77)
沈渭滨(10、47、50、54、62、63、98)
沈熙(74)
沈以行(又见聆耳)(3、4、14、23)
沈永忠(30)
沈雨梧(67)
沈跃萍(31)
沈志华(110)
沈志明(92、102)
沈祖炜(3、37、60)
盛巽昌(2、13、55、56、57、58、59、60、61、62、63)
盛仰红(5)
石鼎(120)
[美]施坚雅(3)
施扣柱(4、50、65、69、75、82、92、109、112)
施礼康(2、6、11、14、17、22、25)

史量(7、14、21、23、27)
石培华(1、6、28、32)
史诗(120)
施一飞(6、15)
石中玉(83)
[日]手代木有儿(100)
[德]舒秦玉凤(120)
舒习龙(95、106)
舒运国(8)
双惊华(84)
水海刚(85)
司佳(111)
斯麟辩(58)
宋恩夫(19)
宋浩杰(120)
宋京(78)
宋培基(93)
宋佩玉(92)
宋时娟(112、120)
宋钻友(31、33、37、44、51、58、59、64、82、101)
苏卫平(113)
苏智良(62、92、93、121)
[韩]孙安石(55)

孙邦华(56)
孙兵(119)
孙冰(116)
[韩]孙承希(71)
孙大武(120)
孙果达(122)
孙炳辉(40)
孙建国(84)
孙建民(45)
孙竞昊(44、72)
孙科志(26)
孙丽萍(65)
孙明(73)
孙琴安(102)
孙善根(89)
孙叔涵(120)
孙晓春(2)
孙兴大(102)
孙延波(85)
孙曜东(112)
孙志远(120)

T

谭继军(119)

谭金麟(92)

唐博(110)

唐耿良(92、102)

汤金娣(120)

汤开建(93)

唐克军(60、72、87、111)

汤礼春(92)

唐力行(55、65、77、92、98、102、109、112、113、121)

唐玲(100)

唐巧天(90、103、107)

汤仁泽(46、48、49、53、56、58、61、69、83、93、103、107、116、123)

[美]汤若杰(111)

唐雯(121)

唐文权(15)

唐小兵(110)

唐亦功(111)

唐振常(2、3、43、50、54、57)

汤志钧(3、43、50、62、66、71、95、99、115)

陶士和(71)

陶水木(57、103)

滕越(31)

[日]笹田和子(92、102、112)

田昌五(46)

田耳(郑庆声笔名)(35)

田吉(118)

田金星(13、24)

田宓(85)

田启(102)

田彤(86)

田锡全(97)

田一平(63、115)

田兆元(42、51)

田志光(117)

田中初(35)

佟德元(118)

仝晰纲(44)

童志强(16)

屠立晨(120)

W

王传贤(82)

王纯(57)

王春瑜(10)

王大学(100、108)

王笛(117)

王刚(84、116、121)

王贵荣(112)

[美]王国斌(91、101)

王国平(5、63、69、78)

王国强(106)

王海燕(64)

王和(18)

王鹤鸣(113)

汪华(75)

王慧敏(112)

王家范(5、35、47、49、56、58、60、70、75、79、83、95、96、104)

王健(1965年生)(18、23、29、50、55)

王健(31)

王健(1976年生)(63、70、109、115)

王建初(36)

王建革(121)

王建华(10、54、76)

王晶垚(12)

王菊如(120)

王郡(98)

王俊斌(120)

王岚(102、112、120)

王列辉(113)

王菱菱(89)

王泠一(23、29)

王丽(76)

王丽君(112)

王敏(72、88、97、114)

王敏华(9)

王慕冰(82、92)

王慕民(67、89)

王祺(21)

汪乾明(54)

王沛芳(36)

王鹏程(114)

王日根(42)

王儒年(70、77、99)

王少普(1、37)

汪诗明(118)

王守稼(1、3、7)

王颋(81、94、110)
王维江(80、85、90、101、108、114、120)
王卫平(14、53、72)
王为一(112)
王文斌(100)
王文楚(4)
王翔(7)
王晓南(108)
王晓霞(108)
王新(93)
王兴亚(12)
王亚兰(112)
王艳勤(82)
王延庆(92)
王仰清(8、13、38、59、61)
王逍(89)
王毅(86)
王毅(109)
王一胜(79)
王颖(98)
汪幼海(45、90)
王友明(68、90)
王宇博(36、54)

王育民(11)
王照龄(68)
王震毅(114)
王振忠(86、95、97)
王正瀚(120)
王志龙(118)
王志明(69)
王志鲜(112、120)
王钟杰(89)
王中茂(78)
王子今(2、15)
王作求(7)
魏兵兵(122)
魏承思(6)
魏楚雄(2、10、91、104)
[美]魏斐德(63、73)
[美]维拉—施瓦克兹(62)
韦凌(120)
魏文享(122)
魏向东(6、69)
魏宜辉(114)
文丹(112)
温俊萍(107)
温小兴(107)

[韩]吴炳守(65、106)
武波(115)
吴德铎(8、16、20、21)
吴恩培(72)
吴刚(13、21、27、37、45)
吴桂龙(8、12、25、43、44、52、60)
邬国义(40、75、98、104)
吴嘉勋(1)
吴建华(77)
吴健熙(6、25、26、36、64)
吴杰(8)
吴静(117)
吴竟成(4、16、17、20)
吴晶晶(85)
吴景平(7、66、77)
吴俊范(115)
吴民贵(13)
吴佩林(121)
吴乾兑(15、20、24、28)
吴前进(27)
吴强华(104)
吴仁安(48)
吴四一(120)

吴松弟(111)
吴滔(119)
吴晓明(73)
吴晓群(50)
吴欣(118)
吴业国(117)
吴珍美(90)

X

奚纪荣(10)
奚鹏彪(33)
[日]细野浩二(31)
席与镐(82)
席与闰(82)
席与文(82)
夏邦(98、107)
夏洞奇(98)
夏明方(96)
夏卫东(68)
项建英(89)
[日]小浜正子(93)
[日]小林武(20)
肖宁(41)
肖倩(61)

萧小红(83)
萧延中(100)
谢建华(6)
[法]让·谢诺(23、24、31、32)
谢混(122)
谢世诚(72)
谢永栋(109、122)
谢维(103)
谢维扬(14)
谢秀丽(89)
新之(周殿杰笔名)(3)
邢丙彦(85)
邢建榕(8、32)
行龙(51、86、91)
熊莹(115)
熊月之(又见越之、岳智)(2、6、11、20、28、30、37、43、44、50、53、54、56、59、60、62、63、67、69、72、74、80、85、91、97、104、113、119)
徐鼎新(9)
徐峰(3)

许冠亭(113)
徐鹤森(78)
徐华(80)
许纪霖(71、104)
徐建平(106、114)
徐剑雄(92、94)
续建宜(42)
徐君(78)
徐连达(30、56)
徐林祥(95)
徐茂明(59、68、77、123)
许敏(19、26、51)
许苏明(52)
徐涛(82、84、97、121)
徐文堪(73、81)
徐希曾(102)
徐晓望(53)
徐小谊(17)
徐欣宇(92)
徐亚芳(67)
许映湖(8)
徐有威(30、107、117)
徐元健(82)
徐元章(82)

许哲娜(121)

徐祖琼(102)

学霞(2)

薛耕莘(59、61)

薛海波(111)

薛理禹(115)

薛明扬(48)

薛念文(120、121)

薛世孝(17)

薛文俊(82)

薛英群(8)

薛玉琴(65)

Y

晏爱红(122)

晏波(118)

严昌洪(86)

[日]野村浩一(20)

[日]岩间一弘(73)

[新加坡]严寿澂(68、71)

严文军(45)

严晓星(112)

严耀中(60、70、80、100、113)

燕永成(119)

[日]野泽丰(36)

严锸钰(39)

严忠明(76)

杨彪(35)

杨初晓(74)

杨凡(7)

杨国强(20、37、43、45、47、50、61、62、63、67、78、81、94、99、100、105)

杨国荣(51)

杨恒平(111)

杨华(122)

杨宏雨(47)

杨景华(92)

杨靖筠(89)

杨俊(98)

杨奎松(94、103、109)

杨蕾(120)

杨念群(115)

杨培娜(85)

杨其民(2、3、8、10、22、36、47)

杨榕生(40)
杨善群(1、5、8、12、15、19、23、26、28、30、32、34、39、44、47、117)
杨师群(21、42、48)
杨矢心(92)
杨松涛(107)
杨天亮(52)
杨天宇(114)
杨卫华(99)
杨文蔚(92)
杨先国(19)
杨晓芬(63、92、102)
杨晓榕(3、10)
杨雄威(116)
杨一民(6)
姚榜义(102)
姚霏(111、120)
姚海(26)
姚建根(86)
姚浦(102)
姚勤华(47、53)
姚全兴(120)
姚文仪(46)
姚萱(123)
姚永超(107)
姚昱(119)
叶斌(44、52、55、58、63、80、123)
叶昌纲(112)
叶桂生(6)
叶建华(11)
叶江(21、36)
叶尚志(89)
叶伟敏(118)
[美]叶文心(78)
叶舟(119)
叶中强(94、109、116)
翊非(7)
易惠莉(67、114)
易建平(64、76)
[美]伊罗生(16、17、18、20)
[日]依田熹家(36)
易文君(34)
裔昭印(113)
撄宁(秦蓁笔名)(80)
游鉴明(82)

尤顺孚(120)
虞宝棠(38)
俞昌泰(92)
于翠艳(118)
昱昊(芮传明笔名)(28、29、33)
虞和平(121)
余建华(12、16、18、22、24、28、30、31、34、37、41、46、49、53、57、98)
羽离子(17、25、66)
[韩]俞莲实(108)
余明侠(5)
俞敏(120)
俞平(112)
余人(123)
余太山(33、63、68)
余同元(86)
虞万里(66、72、76、88、97、106、116、119)
虞卫东(42、48、52)
余伟民(73)
于文(82)
郁贤镜(112)

于新娟(108)
俞新天(3、25)
于醒民(2)
于洋(102)
虞云国(47、73、86、95、102、103)
俞政(78)
余子道(45)
袁成毅(83)
袁蓉(63)
袁燮铭(55、64、69、74、82、96、107、113)
袁鑫(120)
袁媛(120)
原祖杰(115)
岳纯之(122)
岳钦韬(109、117)
岳智(熊月之笔名)(32)
越之(熊月之笔名)(1、50)

Z

臧知非(10、66、81)
曾桂林(109)
曾汉英(82)

[日]曾田三郎(38)
曾维华(16)
曾小全(77)
曾学文(87)
曾奕(116)
曾子墨(100)
翟海涛(76)
翟廷瑨(10)
湛晓白(107)
詹兆平(47、52)
张爱华(108)
张安福(116)
张奥(112)
张犇(120)
张朝阳(114)
张承宗(64、68)
张传官(114)
张春海(107)
张大可(9)
张德文(57)
张德信(9)
张定一(36)
张刚(112)
张广勇(27、44)

张和声(9、19、24、26、32、35、39、51、56、74、78、81、97、102、111、112、120)
张鸿奎(11、34、39、59、61)
张宏伟(11)
张化(49)
张华腾(80、106)
张济顺(93)
张家哲(28、44)
张剑(48、51、55、57、58、65、66、74、88、98、109、119)
张剑光(93、108)
张洁(108)
张洁明(120)
张景林(112)
张骏(82)
张俊峰(85、105)
章俊民(120)
章开沅(86)
章可(113)
章克生(4、7、9、11、14、

18、20、23、24、31、32)

张兰星(118)

张乐天(5)

张磊(49)

张蕾蕾(122)

张利民(110)

张邻(5)

张马力(112)

张玫(4)

张明楚(11、20)

张敏(31、40、47、53、54、56、58、62、69、71)

张慕飞(92)

张南(22)

章念驰(2、8、17、24、27、32、44)

张培德(1、52、69、75)

张启祥(82、92)

张钦康(102、120)

章清(49、99)

张庆龄(9)

张铨(2、9、11、12、15、17、23、24、25、27、31、32、34、36、39)

张人凤(62)

张生(104、116、122)

张升(118)

张思(79)

章斯睿(112)

张天政(80)

张统模(11、23、28)

张炜(106)

张伟(89)

张翔凤(55、73)

张香玉(92)

张笑川(90、96、111、116)

张晓川(110)

张晓东(119)

张小红(112)

张小也(93)

张秀莉(66、79、82、96、102、103、113、122)

张旭华(117)

张徐乐(77)

张雪蓉(20)

张屹峰(111)

章益国(103)

张义渔(25、33)

张勇(115)

张永帅(111)

张有智(57、64、110)

张玉菡(120)

章余之(23)

张渊(112)

张元隆(67)

张元明(120)

张云(7)

张在虎(115)

张志永(117)

张仲礼(82)

张仲民(99、101、107)

张忠民(17、54、99、119)

张中秋(7)

张宗尧(40)

赵苍小(120)

赵建辉(117)

赵婧(105)

赵军(120)

赵克尧(5)

赵立彬(90)

赵楠(76)

赵庆寺(92、95、123)

赵全鹏(41)

赵振华(66、80)

郑宏泰(118)

郑会欣(83、116)

郑楠(25)

郑嘉融(2、6)

郑庆声(又见田耳)(3、6、8、15、18、24、28、29、32、42)

[韩]郑文祥(79)

郑有国(7)

郑云山(42)

郑振满(37)

郑祖安(1、4、5、9、21、28、43、50、59、69、100、118)

郑宗育(34)

支冲(3)

智勇(112)

[比]钟鸣旦(Nicolas Standaert)(54)

钟祥财(74、94、105)

钟兴宝(120)

仲玉英(45)

周保明(98)
周保巍(91)
周兵(100)
周澄宇(38)
周春生(117)
周殿杰(又见新之)(2、8、14)
周公正(112)
周国建(18、26、30)
周锦礅(4、13、14)
周敏凯(10)
周娜(73)
周奇(109)
周其贵(40)
周秋光(109)
周松青(98)
周天游(16)
周同宝(7)
周巍(90)
周维衍(4)
周文宣(59)
周武(20、24、27、43、50、54、57、63、69、74、81、88、96)

周希奋(7)
周湘(79)
周向峰(122)
周学军(41、47)
周训芳(10)
周亚(108)
周言(77)
周义保(22)
周一平(8、26)
周永祥(5、10、15)
周育民(8、67、118)
周元高(14、19、23、26)
周自强(4)
朱德明(117)
诸葛达(89)
朱海滨(105)
朱红(87、113、123)
朱华(65)
祝建平(46)
诸静(123)
诸君文(82)
朱琨(117)
朱乃诚(76)
朱明(118)

朱丕荣(120)

朱时雨(9)

朱守芬(55、56、57、58、59、61、63、64、70、82)

朱顺兴(9)

朱婷(56、64)

朱新华(3)

朱耀廷(89)

朱义禄(6、48)

朱荫贵(106)

朱英(119)

朱永铭(120)

朱余刚(87)

朱泽鹏(120)

朱政惠(80、94)

朱子彦(7、29、44、72、95、119)

庄安正(76)

庄志龄(52)

邹爱莲(11)

邹昌林(10)

邹明德(10)

邹秀英(54)

邹怡(123)

邹羽(107)

邹振环(15、96、100)

左玉河(100)

标题人物索引

编者说明：

1. "标题人物"系指所刊之文的标题（及延伸材料）中涉及的人物，可以是姓名，也可能是职位、称号等，均依照原样。

2. 人物排列以汉语拼音为序，若首字相同则依次字，以此类推。

3. 索引内的数字系指《史林》总期数。

A

［印度］阿克巴（15）

阿史那感德（80）

［美］艾尔曼（118）

［加］保罗·埃文斯（40）

安得海（96）

［古罗马］安东尼（111）

［英］安格联（66）

［法］安克强（59、75）

［古罗马］奥古斯丁（98）

B

［美］乔治·班克罗夫特（9）

［苏］鲍罗廷（90）

［英］贝尔福（41）

卞孝萱（97）

［日］滨下武志（99）

［意］马可·波罗（11）

［意］布克哈特（38）

［法］布罗代尔（97）

［法］马克·布洛赫（32、35）

C

蔡东藩(85)
蔡和森(26)
蔡尚思(81)
蔡元培(1、35、43、58、116)
曹操(5、53)
曹宠(92)
曹聚仁(2)
曹岁辛(102)
曹廷杰(73)
常乃惪(106)
常霞青(23)
陈宝琛(41)
陈得才(28)
陈东(58)
陈光甫(8)
陈化成(44)
陈克艰(39)
陈立夫(69)
陈虬(59)
陈天华(5)
陈同(40、111)

陈卫民(25)
陈心园(112)
陈独秀(1、3、9、11、20、23、28)
陈旭麓(51、53、93、110)
陈寅恪(43、57、60、80)
陈英士(9)
陈垣(109)
陈云(39)
陈忠平(104)
陈祖恩(41)
程念祺(96)
成吉思汗(81、89)
程郁(35)
承载(43、53、57)
程兆奇(77、111)
崇厚(107、116、123)
崇实(123)
崔述(11)

D

戴鞍钢(100)
戴建兵(65)
戴金(6)

戴震(50)

[日]稻叶君山(95)

[日]岛田虔次(61)

[德]德罗伊生(51)

邓承修(101)

邓演达(13)

邓禹(60)

丁日昌(4)

丁若镛(97)

[美]丁韪良(56)

丁文江(25、41)

董卓(26)

[美]杜鲁门(104)

[美]杜威(86)

[美]杜赞奇(103)

[澳]端纳(32)

E

[德]恩格斯(18)

F

范爱农(67)

樊炳清(14)

范蠡(2)

[意]范礼安(62)

范晔(60)

范仲淹(19)

方令孺(102)

方鹏(6)

方诗铭(119)

方孝孺(35)

方行(102)

[美]费正清(21)

冯班(89)

冯桂芬(116、118)

[日]蜂屋邦夫(108)

[加]贡德·弗兰克(60)

[英]莫里斯·弗利德曼(55、59)

傅斯年(51、55)

傅玄(89)

G

[印度]甘地(113)

高俊(118)

高智群(65)

葛涛(115)

[日]宫崎市定(117)

[法]贡斯当(117)
公孙瓒(2)
龚孝拱(55)
龚自珍(10、96)
[法]古伯察(121)
[美]顾德曼(58)
顾冠福(120)
辜鸿铭(40、114)
顾颉刚(31、32、51、57、78)
[日]古厩忠夫(52)
管承(30)
关䌹之(94)
关羽(55)
[古诺曼]罗伯特·圭斯卡德(49)
归玄恭(96)
鲧(61)
[德]郭实腊(113)
郭嵩焘(59)

H

汉景帝(2)
[美]韩起澜(62)
[美]韩书瑞(88)
汉武帝(45、116)
韩愈(71)
[古希腊]荷马(54)
和珅(115、118)
[英]亨利八世(8、29)
[美]林·亨特(100)
忽必烈(115)
[美]胡佛(120)
胡林翼(5)
胡三省(95)
胡适(49、62、86)
[美]亨利·华尔(2)
黄东(Whang Tong)(71)
黄春燕(111)
黄慧如(122)
黄绍伦(66)
[新加坡]黄贤强(118)
黄彦(110)
黄炎培(46)
黄虞稷(65)
黄宗羲(113)
[美]黄宗智(114)
霍光(52)

霍维洮(109)

J

季平子(55)
[日]吉尾宽(68)
纪昀(61)
[日]榎本泰子(118)
贾谊(9)
蒋介石(7、8、9、10、26、41、89、90、120)
蒋明宏(39)
建文帝(35)
姜沛南(25、44、46)
姜太公(5、114)
江召棠(116)
江忠源(1)
[日]近藤邦康(20)
金天翮(72)
金应忠(26)
[韩]金泽荣(76)

K

[古罗马]恺撒(45)
[德]康德(40)

康有为(22、55、116)
柯婧璞(120)
柯庆施(102)
[美]柯文(69)
[美]肯尼迪(111)
孔融(109)
孔子(又见仲尼)(9、25、31、43)
[美]堀口九万一(88)
况钟(14)

L

[日]濑川昌久(54)
劳乃宣(89)
李德生(87)
李德裕(3、10、15、40)
李汉俊(24)
李鸿章(18、27、107)
李华兴(23、31、49)
李恒(17)
李立三(46、101)
李连春(92)
李烈钧(19、23)
李平书(85)

李商隐(40)
李天纲(53)
[英]利文斯顿(8)
李细珠(87)
李小华(112)
李孝悌(97)
李亚农(3、4)
李毅士(120)
李兆洛(30)
李志茗(115)
梁启超(1、27、72、75、99、106)
梁漱溟(48、118)
廖大伟(78)
[俄]列宁(7、10、18)
[美]林乐知(43)
蔺相如(110)
林语堂(57)
林则徐(38)
凌廷堪(106)
刘邦(32、118)
刘备(34)
刘才邵(89)
刘德培(9、11)

刘逢禄(52)
刘根(43)
刘光第(8)
刘海粟(41)
刘太后(46)
刘王立明(108)
刘秀(46、71)
刘修明(19、33、42、47)
柳亚子(12)
柳诒徵(58、96)
刘迎胜(103)
刘渊(43)
柳宗元(71)
陆根荣(122)
鲁恭王(2)
陆贾(44)
陆荣廷(41、45)
陆树藩(102)
鲁迅(44、67)
卢作孚(120)
罗继祖(75)
[美]罗斯福(16)
罗苏文(40、43、45)
罗义俊(19、32、39)

吕布(8)

吕坤(32)

吕思勉(22、103、104)

吕夏卿(122)

M

马建忠(65)

马军(92、114)

马克思(18、19)

[英]马礼逊(9)

马相伯(39)

马学强(51、77、119)

马自毅(92)

毛泽东(23、32、33、94、100)

美查兄弟(25)

梅俊杰(114)

孟彭兴(36)

孟子(6、30、99)

[英]密迪乐(121)

[法]米涅(35)

米志成(112)

[英]托马斯·莫尔(25)

[法]莫普(106)

[意]墨索里尼(11)

穆藕初(46、75)

沐英(55)

穆志英(27)

牟宗三(40、71)

N

[法]拿破仑(9、11、18)

倪钜卿(92)

牛哥(92)

牛僧孺(3、15、40)

O

欧阳修(122)

P

[美]托马斯·潘恩(39)

潘光(20、26、29)

潘光旦(103)

[英]弗·培根(10、52)

[美]裴宜理(101)

Q

漆侠(89)

钱大昕(87)
钱杭(27、36、38、41、43、54、64、65、92、113)
钱穆(32、36、44、48)(钱宾四,28、40)
钱单士厘(33)
钱玄同(62)
钱仪吉(18)
[美]亨利·乔治(2)
秦邦廉(92)
秋瑾(91)
瞿秋白(10、15、29、116)

R

任建树(20、26、43)
[日]仁井田陞(122)
容闳(35)
芮传明（又见昱昊）(33、36、42、52、103、113、122)

S

[古希腊]萨福(113)
[美]赛珍珠(57)
僧溥光(110)
邵力子(36)
舍剌甫丁(100)
沈敦和(109)
沈立新(27、31)
沈以行(7、8、25、44、46)
沈曾植(73)
沈祖炜(20)
盛宣怀(106)
石达开(34)
[美]史景迁(84)
施扣柱(117)
施相公(90)
石英(120)
司马芳(110)
司马迁(又见太史公)(8)
司马昭(7)
亚当·斯密(99)
[荷]斯内夫利特(7)
宋教仁(13、83)
宋庆龄(6、8、120)
宋子文(116)
宋钻友(101、117)
隋炀帝(81)

孙膑(27、47)
孙策(16)
孙权(9)
孙文(又见孙中山)(15)
孙曜东(112)
孙诒让(106)
孙越崎(120)
孙中山(又见孙文)(2、5、9、24、39、43、72、90、99、100、110、114、120)
孙子(12、28、34、44)

T

[古罗马]塔西佗(14、115)
太史公(又见司马迁)(1、8)
唐耿良(112)
汤开建(111)
唐力行(97、104)
汤仁泽(116)
汤寿潜(38)
[英]汤因比(19、76)
唐振常(58、60)
汤志钧(20、22、34)

陶弘景(24)
陶希圣(64)
[日]藤原彰(119)
[法]D. A. 涂尔干(36)
[法]托克维尔(47、117)
[英]基斯·托马斯(33)

W

瓦氏夫人(22)
王安石(89)
王充(6)
王尔敏(96)
王国维(14、49、57)
王家范(99)
王健(121)
汪精卫(7)
王莽(42、99)
王敏(114、121)
王明(10)
王荣华(106)
王式京(116)
王守稼(21、33)
王守仁(62)
王韬(23、43、47、57、58)

王维江(116)

汪熙(82)

王欣(73)

王元化(120)

王云五(60)

王徵(97)

[美]魏斐德(57、80、107)

尉缭子(19)

魏校(71)

卫灵公(7)

魏丕(66)

[美]卫三畏(123)

魏源(6、10、13)

翁同龢(55)

倭仁(13)

吴承仕(又见吴检斋)(56)

吴德铎(24)

吴国桢(61、114)

吴嘉善(35)

吴趼人(48)

吴检斋(又见吴承仕)(24)

吴禄贞(12)

吴宓(59)

吴起(17)

吴其昌(75)

吴乾兑(33)

吴四一(120)

伍廷芳(7)

吴修垣(114)

武训(98)

吴应龙(89)

吴樾(67)

X

[古希腊]希罗多德(75)

[德]希特勒(7、36)

席正甫(82)

[日]新村出(36)

行龙(98、103、108)

向涛(120)

项英(35)

[日]小浜正子(61)

[日]小川关治郎(76)

萧公权(101)

萧吉(54、64)

萧三发(56)

萧一山(95)

谢维扬(41)

熊十力(38)

熊希龄(31、51、73)

熊月之(24、34、37、50、51、76、78、91、92、98、100、104)

[古希腊]修昔底德(75)

徐孚远(22)

徐光启(9、120)

徐润(102)

徐树铮(33)

许思园(47)

徐希曾(102)

徐霞客(9、59、100、118)

徐勇(19)

许倬云(58)

薛福成(16)

薛焕(114)

荀子(30)

Y

严佛调(100)

严复(21、78)

杨国强(50、107)

杨景华(92)

杨念群(94、98)

杨善群(26、40、44、47)

杨晓芬(92)

杨宣娇(55)

姚汉源(94)

姚枢(12)

姚文栋(54)

姚文元(120)

姚锡光(95)

姚勇忱(64)

叶澄衷(118)

叶梦珠(5)

[美]叶文心(63)

[日]依田憙家(34、36)

[英]易纳士(123)

英翰(107、113)

雍正帝(69、78、100)

余建华(29)

余太山(42)

虞万里(119)

俞秀松(120)

俞樾(27、33、76)

[日]圆仁(1)

袁绍(5、24)

袁世凯(19、103)

袁树勋(96)

袁燮铭(40)

袁志煌(41)

恽代英(10)

岳飞(58)

[美]约翰逊(84)

岳母(58)

Z

臧霸(13)

曾国藩(16、42、62、63、107)

曾山(89)

张充仁(112)

张尔田(96)

张和声(35)

张衡(48)

张良(59)

张家山(114)

张謇(9)

张剑(62、91)

章碣(61)

张静江(7)

张培德(40)

张佩纶(108)

张铨(43)

章士钊(41)

章太炎(8、17、22、24、27、31、32、67)

张晓东(122)

张晓敏(76)

张秀莉(119)

章学诚(103)

张学良(10)

张燕(24)

张彦远(57)

张元济(41、43、50、57、62、75)

张元隆(110)

张之洞(40)

张仲礼(46、49、107)

赵华宇(112)

赵学元(36)

赵翼(26)

赵怡(118)

郑板桥(10)

郑成功(5、60)

郑观应(28、42、103)

郑庆声(25、26、44、46)

郑祖安(39、54、59)

仲尼(孔子的字,又见孔子)(22)

钟天纬(35)

周恩来(29、104、110)

周粉英(120)

周公(47)

周琪生(26)

周太王亶父(25)

周文王(18)

周武(35、51、57、62、78、91、98、100)

周武王(3)

周宣王(8)

周宣灵王(105)

周扬(82)

周永祥(29)

周宗良(82)

朱德(48)

诸葛亮(39、64、100)

朱镜我(9)

竺可桢(123)

朱权(112)

朱士行(100)

朱廷嘉(120)

朱熹(11)

朱英(109)

朱元璋(85、119)

朱子彦(56)

庄述祖(118)

邹容(1、5)

邹韬奋(7)

邹逸麟(93)

邹振环(108)

[日]佐藤忠男(92)

左宗棠(1、5)

附录

一、回忆与研究

建议创办历史专业刊物

徐元基　齐国华

我们热切地盼望我所自己创办一个历史专业刊物,兹将我们的初步设想概述于下:

(1) 目前为止,上海尚无一个以马列主义理论指导的,反映上海地区历史学研究成果的专业刊物,看来颇为需要。

(2) 可以及时反映本所的研究成果,是培养中青年研究人员的重要措施之一。当然也应刊登交来的好的文稿。

(3) 根据其他所办刊物的经验,只要有两三个同志具体负责,就可以办起来(所内不乏具有办刊物丰富经验的同志)。

(4) 刊物应为综合性的历史杂志,内容包括:中国、外国,以中国为主;古代近现代,以近现代为主;全国与上海,反映上海特色;历史学各个门类(经济、政治、外交、军事、文化、思想,等等);各种形式(翻译、论文、史料、动态、书评,等等)。

(5) 普及与提高相结合,以提高为主,刊物应具有较高学术性和思想性,不片面追求市场价值。

(6) 刊物名称,我们初步考虑,或可叫《史学杂志》,先定双月刊,每期 20 万字左右。考虑到筹备需要时间,今年可出试刊两期。

以上意见是否可行,请予研究。

一九八一年二月二十四日

(原载上海社会科学院历史研究所《史学情况》第 19 期,1981 年 3 月 5 日)

关于响应历史所办一个刊物的倡议的来稿综述

蓬①

《史学情况》第十九期,我们刊登了徐元基、齐国华二位同志关于《建议创办历史专业刊物》来稿,引起了本所各组室的强烈反响,纷纷表示赞同,现综合来稿报道如下:

中国现代史三室副研究员姜沛南同志说:"对于徐、齐两同志提出的创办历史刊物的建议,我双手赞成。现在,我所领导开始注意这个问题。这是一件大好事。"

"士兵是在战斗中成长的,没有阵地,就锻炼不出战士。"——古代史研究室助理研究员刘修明同志这样说:"培养史学人才,同样需要史学阵地。史学刊物,就是史学工作者的阵地。偌大一个上海,什么杂志都有,却偏偏没有一个学术性的史学专业杂志,这是说不过去的。"助理研究员、资料室周永祥同志说:"我们上海社会科学院历史研究所是上海唯一的一个专门从事历史科研的机构,理应挑起出刊物这副重担,责无旁贷。"

有同志回顾了老历史所(指"文革"前的本所)的经验教训,认为过去"资料编了不少,但论文发表得不多"。其中一个重要原因是文章发表机会少,影响了搞研究工作的深入。

---

① 蓬,系孟彭兴。——编者按

现在如果不改变这种情况,研究工作也很难推动和有所进展。近代史研究室王少普、陈祖恩二同志把图书资料比作原料,把刊物比作市场,也有一定道理,"工厂光埋头生产而没有市场,就会造成迟滞、积压,就是无效劳动。社会科学研究对于刊物之需要,不亚于搞经济的对于市场之需要。"一些同志感叹说:目前,历史专业刊物特少,文史终被挤到角落里,学有专长的老同志的文章尚且不易发表,中青年同志则更难了。有的文章虽然发表,但因综合性杂志要照顾版面,文章被东删西节,弄得面目全非。此种种情形,一是不利于学术上的交流,二是不利于对中青年研究人员的培养,势必会影响到整个历史科学的研究的进展。

不少同志还就如何办刊物的问题提出了建议。姜沛南同志主张"刊物的名称可叫《新史学》","要反映出三中全会以来史学研究的新面貌。要思想解放、实事求是,敢于突破老框框,发表新观点,新材料","不仅内容要新,文风也要新,既要言之有物,又要生动活泼,力求做到雅俗共赏,普及与提高相结合,切忌空谈说教,刻板无味"。总之要"以新取胜,对史学界有所贡献"。

刘修明等同志主张分两步走,"先搞《历史文摘》",待"取得经验、博得信誉,开了财源之后,再办专业杂志",并认为"办《历史文摘》,出版社历史编辑室同志也有兴趣",可以"初战取胜,较有把握"。

关于编辑工作,有的同志主张由各组室负责各专业稿子的同志兼搞,另有一、二同志负责联系,这样可减轻负担,不必另立班子。也有同志建议礼聘唐振常先生负责组阁,筹办一切。

总之,大家认为,不管怎么样,办刊物也算是"人才投资",不必担心盈利与否,希望所领导下个大决心,力争把本所历史专业刊物办起来,群策群力,把刊物办好。

(原载上海社会科学院历史研究所《史学情况》第20期,1981年5月20日)

历史研究新园地
——《史林》创刊

刘修明

本报讯,由上海社会科学院历史研究所主办,上海社会科学院出版社出版的历史学专业刊物——《史林》杂志(季刊),最近与读者见面了。

《史林》是一本立足上海、面向全国的历史学术刊物,每年拟出四期,每期二十万字到二十五万字。它坚持以马克思主义指导,坚持"双百"方针,开展历史学研究,刊登有关史学理论、中外古今史学专题探讨、考证、资料、史学论著评论等各方面的学术文章;以提高历史专业的学术水平、开展学术讨论、推动历史学研究、促进社会主义的物质文明和精神文明建设为宗旨。凡有独到见解,言之成理,持之有故的历史理论、史学专题探讨、考证、资料、史学论著评论等学术文章,《史林》均表欢迎。杂志将通过这块学术园地,团结史学界的老中青三代,以新的成绩推动祖国史学的发展。编辑部将贯彻"百家争鸣"方针,决不以自己的学术观点或好恶作为取舍稿件的标准。

(原载《社会科学报》1986年3月9日,第2版)

写在《史林》边上
——为五十周年院庆而作

周 武

《史林》由历史研究所主办,曾经是一家以消化内稿为主的毫不起眼的学术刊物,经过二十多年的努力,如今它已从千余种历史地理类期刊中脱颖而出,成为中国人文社会科学核心期刊、全国高等院校历史教学与历史研究源刊物、中文社会科学引文索引(CSSCI)来源期刊、中国期刊全文数据库(CJFD)全文收录期刊、中国学术期刊综合评价数据库(CAJCED)统计源期刊,并且在各类排名中稳步上升,受到国内外学术界的广泛关注和普遍好评。

看似寻常最奇崛,成如容易却艰辛。《史林》从一家默默无闻的所刊成长为备受国内外学界瞩目的权威期刊,其中的每一步都包含着"奇崛"和"艰辛"。我从1994年年底参与主持《史林》的编务,对这种"寻常"背后的"奇崛"和"容易"背后的"艰辛"更有一种苦乐兼具的深切感受。我愿把自己的这种感受写在《史林》边上,献给五十周年院庆。

办刊历程:创刊、缩版、扩版

创办一本史学刊物,一直是历史研究所同仁共同的梦想。1978年上海社会科学院重建以来,历史所的研究方向逐渐由史料整理出版转向以研究为主,而且科研力量显著增强,在这种背景下,创办一本属于自己的刊物,并通过它展现本所的研究成果,扩大与海内外学术界的交流,就变得尤为迫切了。

经过长期的酝酿、论证和精心的准备,1985年5月24日,上海社会科学院向上海市委宣传部提交了"关于历史所创办《史林》(季刊)的报告",两个月后,即7月24日,报告得到上海市委宣传部的批准,《史林》(季刊)获准创刊,上海市期刊登记证为第427号。此后,本所开始组建《史林》编辑部,由方诗铭负责,原定1985年底出版创刊号,由上海新华书店发行。但因出版、印刷方面的原因,直到1986年4月《史林》(季刊)创刊号始与读者见面。

《史林》从一开始就是朴实的,它的创刊号上没有发刊词,只在副封上刊登了一个普普通通的《征稿启事》:

> 《史林》是上海社会科学院历史研究所主办的历史专业学术刊物。
>
> 《史林》是在马克思列宁主义、毛泽东思想指引下,贯彻理论联系实际和"双百"方针,开展对史学领域诸问题认真探索、自由讨论的学术园地。
>
> 《史林》以推动历史学术研究、提高历史专业的学术水平为宗旨。欢迎投稿。凡有独到见解,言之成理,持之有故的史学理论、史学专题探索、考证、资料、史学论著评论等各方面的学术文章,不论古今中外,本刊都尽可能提供篇幅,予以登载。本刊编辑部决不以自己

的学术观点或好恶作为取舍稿件的标准。

征稿要求如下:

一、来稿要求观点鲜明,文字简洁流畅,逻辑严谨,避免赘言套语,面面俱到。一般不超过一万字为宜。

二、来稿请用稿纸书写,要求字迹端正,标点清楚,引文核实无误,出处置于每页尾脚。

三、本刊编辑部对来稿如拟采用,有删改权。删改时以不影响作者的观点为原则。如不同意删改者,请在来稿中声明。

四、来稿请勿一稿数投。未采用稿件,当尽速退还(油印、复印、铅印、复写稿一律不退)。

五、来稿一经发表,即致稿酬。请在稿件上写明真实姓名、通讯地址,以便联系。发表时署名听便。

这篇刊登在创刊号上的《征稿启事》,最值得注意的有三点:一是提出了《史林》的宗旨,即"推动历史学术研究、提高历史专业的学术水平";二是规定了用稿范围,"凡有独到见解,言之成理,持之有故的史学理论、史学专题探索、考证、资料、史学论著评论等各方面的学术文章,不论古今中外,本刊都尽可能提供篇幅,予以登载";三是定出取舍标准,明确宣示"本刊编辑部决不以自己的学术观点或好恶作为取舍稿件的标准"。

创刊之初的《史林》大体就是按照《征稿启事》的要求编辑的,发表的论文虽以本所作者为主,但也发表了相当数量的外稿;而且刊发的论文大多确有见地,质量上乘,有的论文至今仍被广泛征引。

然而,仅仅两年之后,《史林》就面临严重的财政压力。《史林》创刊初期经费本来就十分紧张,每年费用基本上维持在 25000 元左右,但随着物价的普遍上涨,特别是纸张、印刷费的上涨,《史林》已很难维持原有的规模,节衣缩食成为一种不得已的选择。从 1989 年第 1 期起,《史林》对每期篇幅进行了大幅度的压缩。与此相对应,《史林》在用稿等方面也作了调整。1989 年第 1 期刊出的"改版启事"写道:

> 由于纸张、印刷费上涨,本刊经费有限,兹决定自 1989 年第 1 期开始,作如下调整:
>
> 一、每期篇幅由原来的 150—160 页,压缩为 80 页。
>
> 二、改版后以发表内稿为主,除少数质量高的约稿外,一般不再采用外稿。
>
> 三、以前曾发过采用通知的积稿,拟在三年左右的时间内陆续利用。如作者不能等待,可来信索退。
>
> 四、自 1988 年 12 月以后寄来的外稿,本刊不再处理,需要退还者请附足邮资。
>
> 五、改版后每期定价仍为 1.5 元。原已发出每期定价 2 元的征订单,如订户已汇来 8 元,订阅 1989 年全年的,其余 2 元留作订阅 1990 年本刊时使用。

> 改版处理,实为出于不得已。改版后,本刊当进一步充实内容,提高质量。敬希广大订户、读者、作者鉴谅!

这次"改版",其实就是缩版。缩版后的《史林》每期篇幅由原来的150—160页压缩为80页,几乎压缩了近一半的篇幅。更重要的是,缩版后的《史林》"以发表内稿为主,除少数质量高的约稿外,一般不再采用外稿",并宣示"自1988年12月以后寄来的外稿,本刊不再处理"。这样做,当然是出于迫不得已,《史林》是历史所主办的刊物,优先发表内稿,也情有可原,但这个决策对《史林》造成的负面影响是非常大的。缩版之后,《史林》实际上已变成历史所的同仁刊物。

这种状况一直延续到1994年底,所领导意识到,如果继续这样下去,《史林》非但不足以"推动历史学术研究、提高历史专业的学术水平",且有关门之忧,表示"即使勒紧裤带,也要办好《史林》"。在这种意识支配下,所领导专门召集编辑部同仁开会座谈,集思广益,并在此基础上采取了一系列的措施,包括加大对《史林》的扶持力度;决定从1995年第1期起扩版,由原来的80页扩充至112页,开始以特稿形式每期发表2~3篇3万字左右的大型论文;并对编辑部进行改组,由方诗铭、熊月之任主编,杨善群、钱杭、周武任副主编。1995年第1期刊出的"本刊扩版启事"说:

附 录

《史林》为上海社会科学院历史研究所主办的全国性历史学专业季刊。自1986年创刊以来,受到海内外学术界的关注和好评。

1995年本刊将进一步扩大篇幅,增加容量,提高水准,从各个角度及时反映最新的史学研究以及与史学有关的其他边缘学科的研究成果,努力办成一本国内外有影响的专业学术杂志。

本刊将以特稿的形式每期发表二至三篇三万字左右的大型论文。特稿由编辑部根据每期的编辑主题约请有关学者撰写。一般来稿字数请控制在一万两千字以下。短而精的札记、书评,尤所欢迎。文章资料出处一律采用脚注,置于每页之下。

稿件经编辑部审定后,三个月内发出刊用通知,一年内刊用。来稿一经刊出,即致样刊和稿酬。未经采用的稿件一般不退,请作者自留底稿。凡需退还稿件者请付足邮资。来稿于三个月内未接刊用通知,可自行处理。

本刊真诚地感谢海内外学术界同行对我们一贯的支持,并希望今后继续能有合作的机会。

随着这些措施的实行,《史林》从形式到内容都开始发生了显著的变化。这些变化主要体现在:一、尽可能多地留出篇幅刊登外稿,此次扩版后《史林》外稿的用稿量开始大规模增加;二、开始以特稿形式每期发表3～4篇3万字左右的大型论文,并在目录中以黑体标出,在本期封面中列出的重点论文篇目;三、更加注重学术质量,逐渐形成学术质量第一的用稿标准和取舍标准;四、积极开拓稿源,建立《史林》作者信息资料库。

对《史林》而言,这不仅仅是一次单纯的"扩版",而是一次意义深远的改革。

改革后的《史林》在学术界的影响日渐扩大,1996年入选"中文核心刊物",1997年获华东六省一市优秀期刊提名奖。

此后,《史林》又陆续做了一些调整:杨善群、方诗铭相继离任;1999年2月,增设《史林》杂志编辑委员会,由熊月之担任编委会主任,陈克艰、程念祺、李天纲、钱杭、杨国强、周武担任编委,以后又陆续增聘芮传明、罗苏文、郑祖安、程兆奇、虞万里为编委;2002年起进一步改版,由原来的16开本改为大16开本,每期篇幅由112页扩至128页;2003年起,经院、市主管部门批准,《史林》由季刊改为双月刊(逢双月20日出版),每期页数不变。

为了进一步提升《史林》的学术质量,扩大《史林》在海内外学术界的影响力,从2003年起,《史林》实行国际编委制,聘请海内外著名学术机构的资深学者24人担任特约编委,并在每期的扉页上登出特约编委名单,按姓氏笔画排列如下:加拿大多伦多大学卜正民教授(后调任加拿大大不列颠哥伦比亚大学,现为英国牛津大学教授),苏州大学王国平教授,中国台湾地区"中研院"历史语言研究所王汎森研究员,华东师范大学王家范教授,美国普林斯顿大学艾尔曼教授,美国佐治亚理工大学卢汉超教授,美国伯克利加州大学叶文心教授,德国海德堡大学叶凯蒂教授,中山大学刘志伟教授,法国里昂第二大学安克强教授,华中师范大学朱英教授,英国布雷斯特大学毕可思教授,上海师范大学苏智良教授,浙江大学陈剩勇教授,南京大学范金民教授,北京大学茅海建教授,中国政法大学杨玉圣教授,北京师范大学赵世瑜教授,复旦大学姜义华教授,日本大学高纲博文教授,南开大学常建华教授,香港中文大学梁元生教授,中国台湾地区"中研院"近代史研究所熊秉真研究员,澳大利亚昆士兰大学黎志刚教授。后又陆续增聘上海师范大学陈克艰教授(现任上海社会科学院图书馆研究员)、中国人民大学杨念群教授、东华大学郭太风教授(现已去世)、韩国新罗大学裴京汉教授、厦门大学戴一峰教授、山西大学行龙教授等为特约编委。

开门办刊,众人拾柴,这些举措取得了明显的效果。在2006年初公布的《2006年度CSSCI来源期刊》中,由历史研究所主办的《史林》在入选的25种历史学刊物中名列第8,这一排名,不仅居地方主办的历史学刊物之首,而且超过了许多中央级刊物如《史学史研究》(第9位)、《世界历史》(第11位)、《当代中国史研究》(第16位)、《历史档案》(第17位)、《中国边疆史地研究》(第19位)、《中国史研究动态》(第21位)、《文献》(第23位)、《中国地方志》(第25位),也是本院主办的所有刊物中排名最靠前的一家学术刊物。这一排名,是受国家教育部委托的南京大学实施的,主要是以最近五年年均他引影响因子来排名的,最权威性,最讲究学术质量。另据《光明日报》2006年3月5日报道,中国人民大学书报资料中心的《复印报刊资料》2005年度的全文转载量排名中,上海社科院历史所主办的《史林》跃升至1004种"历史地理"类报刊排名第3位,仅次于《历史研究》。这标志着创刊20年来的《史林》的学术影响正在国内外学术界迅速扩大,学术水准稳步上升。这个成绩既是对《史林》编辑工作的肯定,也是对《史林》全体编辑的鞭策和鼓舞。

2006年,对《史林》来说,不仅是一个丰收之年,而且是一个喜庆之年。4月21日,《史林》编辑部特别在社科院本部召开了"纪念《史林》创刊20周年座谈会",上海历史学界的老中青学者济济一堂,庆祝《史林》创刊20周年。他们在发言中,充分肯定了《史林》朴实的风格,肯定了《史林》长期坚持的办刊宗旨,肯定了《史林》的办刊特色,肯定了《史林》对中国史学的贡献。

在这个座谈会上,主编熊月之宣布《史林》从2006年第4期起将进一步扩版,由原来每期128页扩至192页。2006年第3期刊出的"扩版启事"称:

> 上海社会科学院历史研究所主办的《史林》杂志,20年来一直遵循既定的办刊宗旨,发扬自己鲜明的办刊风格,取得了一定的成绩,在史学界专业核心刊物中

的地位逐渐提高。据中国人民大学书报资料中心2005年度《复印报刊资料》全文转载量统计,《史林》已从2000年的第15位上升至2005年的第3位,受到国内外同行的广泛赞誉。

随着历史学的蓬勃发展,《史林》的容量已跟不上现实的需要。为了与我院和我所在国内外不断提高的学术地位相适应,兹决定从2006年第4期起,将《史林》由原来的每期128页增加至192页。

扩版后的《史林》将努力发表国内外高质量的学术论文,欢迎海内外学者赐稿。

扩版后的《史林》面目焕然一新,不仅在容量上进一步扩大,而且在质量上也有了显著的提高。在最新公布的CSSCI来源期刊又前进了一位,排名第7。另据《光明日报》2008年3月4日报道,中国人民大学书报资料中心的《复印报刊资料》2007年度的全文转载量排名中,《史林》在"历史地理"类报刊中排名第2位。历史学是一门积淀深厚的学问,拥有千余种学术报刊,其中中央级期刊就有十余种,《史林》后来居上,取得这样的成绩,可谓来之不易!

《史林》论文的学科分布及其变化

二十年来,《史林》共刊载各类论文1419篇,其中古代史367篇,近现代史479篇,世界史142篇,城市史155篇。具体的分类分年统计详见下表:

《史林》杂志目录(1986—2010年)及研究

附表-1 《史林》论文分类分年统计表(1986年1月—2006年1月)

类别\年份	古代史	近现代史	当代史	世界史	城市史	口述史	史学史及史学理论	译文	书评	札记	其他	论文总数
1986	17	27		3	1		2	1	3	11	2	67
1987	24	28		10	11		3(1)	4		12	1	93
1988	25	34		12	5		3	3	2	3	4	91
1989	21	22		10	7(1)		1	4		5	1	70
1990	13	24		8	8		1	5	3(2)	4		64
1991	14	21		8	2		5	2	4	1		57
1992	10	23		11	5		3	1	1	4	7	65
1993	11	18		10	4		3	5	3	2	5	61
1994	11	16		10	6		1	3	2	1	5	56
1995	13	16		8	7		2	2	2	1		51
1996	15	21		9	10(1)		4	2	4	1	1	66
1997	18	16		9	6		1		5	3	1	59
1998	12	15		6(1)	12		6	1		1	2	54
1999	14(1)	15		5	9		1	1	8		4	56
2000	20	17		2	4	3	2		6		6	59
2001	16	17		2	3(1)	5	2(2)	3	9	2	8	64
2002	22	36		4	13	2	1		4	3	1	86
2003	23(1)	26(2)	1	6	21(2)		3	5	2	2	3	88
2004	26	30(1)		3	15(2)	1	6(1)	3		8	1	90

214

续　表

类别＼年份	古代史	近现代史	当代史	世界史	城市史	口述史	史学史及史学理论	译文	书评	札记	其他	论文总数
2005	38(1)	51(1)	1	6	3(1)		3	3	4	1	1	108
2006	4	6			3					1		14
统计	367	479	2	142	155	11	49	51	71	68	54	1419

注1. 统计篇目自1986年第1期始，至2006年第1期止，包括增刊，共90期。

注2. 分类统计中，"译文"类与其他类别有部分论文重复统计；论文总数为各年各期论文总数之和，无重复统计。

从上表所显示的学科分布情况可以看出《史林》的基本特色，古代史、近现代史和城市史加在一起，占2/3以上的篇目，这就意味着，古代史、近现代史和城市史一直是《史林》刊发的重点。其中古代史以明清江南区域史论文的刊发尤具特色，近现代史和城市史以上海城市史研究论文的刊发为重点。这样的学科分布格局，构成了《史林》的最大特色。

编辑思路与基本做法

二十多年来，《史林》在办刊过程中逐渐累积了一些经验，形成了自己的编辑思路和基本做法。对《史林》而言，这些思路和做法都是行之有效的，《史林》在海内外学界影响力的不断提升，与之密切相关。

（一）因地制宜，扬长避短，培植特色栏目

一个学术期刊的成功与否，关键在于能否找到适合自己的准确定位,能否形成自己的特色。《史林》创刊于1986年,刊龄短,在它之前已有不少在史学界具有广泛影响力的刊物,在它之后又创刊了大量的史地刊物,目前全国历史、地理类报刊已达1004家,如何在如此众多的期刊中脱颖而出,办出自己的特色,就显得极为重要。从1994年开始,所领导对编辑部人员进行改组,开始调整,并逐渐形成新的编辑思路。这就是因地制宜,扬长避短,培植特色栏目。所谓因地制宜,就是要立足本所、本院、本地的研究优势。众所周知,本院是国内城市史研究的重镇,《史林》自觉依托这一学术优势,推出"城市史研究"专栏,每期发表3到5篇城市史论文,经过近十年的苦心经营,现在我们杂志已成为发表城市史研究成果的最重要的园地;上海又是江南区域史研究的重镇,我们又依托这这一地缘学术优势,有意识地构筑江南区域史研究成果的发表平台,现在有关这一领域的有代表性的成果大多是由我们介绍给学界的。这样,我们杂志就逐渐形成了自己的特色,并以这些特色吸引稿源,也以这种特色赢得了学界的肯定。

(二)重点扶持青年作者,形成富有朝气的靠得住的作者群

一个学术刊物的分量,与名家是否愿意赐稿无疑有很直接的关系。正因为如此,许多杂志把它视作迅速提升刊物知名度和影响力的捷径。我们当然也重视名家的稿件,并为此做了许多努力,但我们更寄望于年轻的作者。在现有的史学期刊中,我们大概是发表青年学者研究成果最多

的杂志。在过去的五年中,我们每一期都为青年学者特别是博硕士研究生提供大量的版面,为他们的优秀成果提供发表的园地。现在青年学者,特别是博硕士研究生论文发表难,是一个普遍的现象,他们当中固然是鱼龙混杂,参差不齐,但其中也有不少敬畏学术、富有潜力的学者,他们有锐气,有激情,有实力,却苦于无处表现。我们注意到这一个现实,以学术质量为唯一标准,尽自己最大的努力为他们提供发表成果的平台。有些论文不无稚嫩之虞,但虎虎有生气,我们也尽可能帮助他们提高,往往为了一篇稿件,编辑与作者之间要经过无数次的沟通和交流,这让作者非常的感动。我们这样做,是希望通过自己的努力提携和扶植一批有潜力的青年学者,另外,也为《史林》培植一个富有朝气的靠得住的作者群。对于录用的稿件,我们一般只作技术处理,不作删改,也不要求作者修改,这样做一方面固然是出于"文责自负";另一方面也是对作者的尊重,更重要的考虑是,尽可能为中国史学留下更多个性化的书写方式。

(三)对重点推荐的力作不作篇幅限制

发论文,难;发长篇论文,更难。这是令许多历史学者感到非常头痛的事情。有的学者为了尽快发表,只好将一篇论文拆成几篇,发表在不同的杂志上。针对这一现状,从1995年起,《史林》每期推出4～5篇重点论文,对这些论文,我们不作篇幅限制。最长的达4～5万字,一般也都在2万字左右。在目前的期刊评价机制下,这样做是不合算的,因为它会严重影响论文的转载量。按照现在的评价机制,再长的论文,即使转载了也只算一篇,更何况长篇论文转载的概率通常是比较低的。就是说,发表长文,对杂志的排名是不利的。所以,现在一般杂志对论文的篇幅都做了严格的限制,这是很自然的事情。我们当然也明白这一点,但我们认为对一本杂志而言,排名重要,同行专家的认可也很重要。十年来,我们一直坚持这样做,现在看来,《史林》逐渐被史学界所接受,受到关注,与这一坚持和努力是分不开的。

(四)实行国际编委制

在国内的史学期刊中,《史林》大概是率先实行国际编委制的杂志。我们从2003年开始实行国际编委制。我们聘请的特约编委,遍及北美、欧洲、澳大利亚、日本、韩国等国家和地区,以及包括中国港、台地区在内的国内一些主要的大学,我们还将根据需要陆续聘请一些海内外编委。实行国际编委制,主要有以下几个考虑:一是拓展稿源,最近几年,我们发表的不少稿件都是特约编委推荐的;二是提供史学前沿信息,编委们,特别是国外的编委经常会给我们提供有益的信息;三是审稿把关;四是扩大刊物的影响力。

2008年3月18日,史学界年高德昭的老前辈胡绳武先生在一封写给杨国强教授的私人信函中特别提到《史林》,他说:"《史林》是目前中国史学界大型的一流的史学刊物,在推动中国史学发展方面,作出了重要的贡献。"这是对《史林》的最大肯定。成绩来之不易,但成绩只能代表过去!《史林》在今后的岁月里将继续秉持一贯的朴实风格、朴实思路、朴实做法,致全力于提升它的学术质量,循序渐进地把它办成一个海内外学术界公认的权威史学刊物。

(原载上海社会科学院院庆办公室编《往事掇英——上海社会科学院五十周年回忆录》,上海社会科学院出版社2008年版,第283—292页)

杨善群笔下的《史林》

作为市一级的社会科学研究机构,历史所原来没有自己的刊物,这对于研究人员要发表自己的研究成果很不方便。1985年,在所长方诗铭等领导同志的努力争取下,上级院部终于同意拨出一些经费,给历史所创办学术刊物《史林》。1986年,《史林》创刊号出版了。各研究室都拿出最好的成果在《史林》上发表,显示了历史所的实力。1989年,在主编方诗铭的推荐下,由我和张铨担任副主编,每个室再选定一个编辑,负责古代史、近代史、现代史、工运史、上海史、世界史的稿件征集和审理工作。

由于全所研究人员的共同努力,编辑部慎重审稿,严格把关,《史林》的质量不断提高。到20世纪90年代初期,《史林》已经跻身中文核心期刊的行列。这实在是一个不小的成绩。记得当时院部出版有《学术季刊》,由于各种原因而没有成为核心期刊,领导曾为此进行调查,最后就停刊了。这对《史林》是一个很大的激励和鞭策。

《史林》原来是季刊,篇幅也不大。在熊月之担任所长和主编后,《史林》由季刊改为双月刊,篇幅有较大增加,排版的版式由双栏改为通栏,文章的容量也有提高,能发表三万字的长文。《史林》成为上海社会科学院历史研究所的一张名片、一个橱窗,在学术界的影响日益扩大,品位也不断提升。

(摘自杨善群:《学术生命赖以依托的大树——为庆祝历史所成立60周年而作》,原载上海社会科学院历史研究所编《史苑往事:上海社会科学院历史研究所成立60周年纪念文集》,上海社会科学院出版社2016年版,第92页)

上海社科院历史所60年：《史林》是如何酝酿创办的？

于淑娟

今年是上海社科院历史所成立60周年，《史林》是由历史所于1986年创办的历史学专业期刊，迄今业已30周年了。近日，历史所马军研究员（现代史研究室主任、《史林》前副主编）在所资料室向澎湃新闻记者讲述了《史林》创刊背后的故事。

长久以来的夙愿：创办一份史学刊物

《史林》创刊号于1986年4月问世，这是一份历史专业学术刊物，在当时，尽管上海已有文史类杂志（例如上海社联的《学术月刊》），但专门刊发历史学专业研究成果的杂志，这还是第一份。2006年历史所成立50周年时，曾对《史林》20年来的工作进行过总结（《〈史林〉：廿年心血不寻常》一文），其中透露，"经过长期的酝酿、论证和精心的准备，1985年5月24日，向上海市委宣传部提交了'上海社会科学院关于历史所创办《史林》（季刊）的报告'，两个月后，即7月24日，报告得到了上海市委宣传部的批准，《史林》（季刊）获准创刊"，随后，历史所组建了《史林》编辑部，由时任所长方诗铭负责。

不过，回顾文章中对于《史林》创刊前"长期的酝酿、论证和精心的准备"并未过多着墨,马军研究员对于本所所史也颇花心思,平日里特别留意相关资料。在历史所资料室,他拿出了20世纪80年代初的《史学情况》,有厚厚的两大册,这是历史所自己编的通讯类内部刊物,其中1981年3月5日刊出的一期上有这样一篇文章——《建议创办历史专业刊物》。"这是历史所要求创办历史专业刊物的一个群众倡议",马军说道。

提出这一设想的,是历史所的徐元基和齐国华两位学者,建议文案的落款时间是1981年1月24日。他们认为,当时"上海尚无一个以马列主义理论指导的反映上海地区历史学研究成果的专业刊物,看来颇为需要",另外,1978年以后历史所的研究方向逐渐由史料整理出版转向以研究为主,创办这样一本刊物"可以及时反映本所的研究成果,是培养中青年研究人员的重要措施之一。当然,也应刊登投来的好的文稿"。对于刊物的定位,他们以为,"普及与提高相结合,以提高为主,刊物应具有较高学术性和思想,不片面追求市场价值"——可以说,这和后来《史林》的定位是一致的。同时,对于刊物名称,他们提出了可以叫《史学杂志》(双月刊)。

35年过去了,徐元基、齐国华两位先生都还健在,澎湃新闻记者也联系到了他们。徐先生已经88岁高龄,谈及此事,他已无多少印象。齐国华先生年纪稍轻,向记者讲述了当时提出这一建议的想法。

"上海社科院历史所的老所长李亚农先生是研究中国

古代史的,1949年,他是接收中央研究院上海分院的成员之一。作为历史所的首任所长,他当时就提出历史所要创办一本高水平的史学刊物,北京有《历史研究》,上海应该创办一本这样的刊物。后来,老所长过世了,这件事情也没有办成。1980年以后,我和徐元基在近代史研究室工作,我们觉得应该继承老所长的遗志,商量着发起了这个倡议,后来所里也开会讨论过这个建议。创办专业刊物这个事情真正落实下来是方诗铭所长在任时,是他和刘修明负责创办起来的。"

在刊出两位先生的倡议之后,《史学情况》又收录了《关于响应历史所办一个刊物的倡议的来稿综述》一文。其中,姜沛南、王少普、陈祖恩等所内人员都对徐元基、齐国华两位的倡议表示了赞同,并发表了自己的看法,还对刊物的名称、编辑工作等方面提出了具体的建议。比如,姜沛南先生主张刊物的名称可以叫《新史学》,刘修明先生则建议可以先搞一本《历史文摘》,积累经验,博得信誉后,再创办专业杂志,等等。

可以说,在《史林》创刊之前,创办一本历史学专业期刊,已经是历史所许多学者长久以来的夙愿。

"史林"二字的由来

既然,在《史林》创办之前,相关的酝酿、准备工作已历经多时,甚至有学者已经对刊物名称提出了很好的建议,"史林"这个名字又是如何最终被确立的?"史林"这两个字又是怎么来的,是某位领导题写的,还是有何特别的来历呢?

关于"史林"这个名字,马军、齐国华两位先生都说是由方诗铭先生提议的,但是这个名字背后有何故事,"史林"二字又是怎么来的,他们并不了解。为了解决这两个问题,记者拨通了《史林》首任副主编刘修明先生的电话。刘先生身体有恙,但得知来意,他还是耐心地予以回答:"《史林》杂志的这个名字是方诗铭所长提议的,取自顾颉刚先生所编的一本书《史林杂识》,封面上'史林'这两个字也不是谁题写的,实际上是拓了顾颉刚《史林杂识》这个书名的前两个字。"

前人种树,后人乘凉

在谈及《史林》的历史贡献时,马军研究员表示,作为上海地区最著名的历史学专业刊物,它为所内外许多学者的成长道路提供了强大的助力。他以自己为例,在迄今发表的50多篇论文中,有约五分之一是在《史林》上发表的,所以从心底里感谢《史林》的倡议者和创始者们。

(原载《澎湃新闻》2016年8月16日)

在"所长、《史林》首任主编方诗铭先生诞辰100周年纪念册"发行式上的致辞(2019年9月26日)

马 军

各位前辈、各位同人、各位来宾,大家早上好!

在中华人民共和国成立70周年的前夕,我们在这里举行"所长、《史林》首任主编方诗铭诞辰100周年纪念册"发行式是特别有意义的事。

方诗铭先生生于1919年,卒于2000年,是国内外名闻遐迩的历史学家,也是本所的一位资深前辈。他早年曾师从顾颉刚、胡厚宣等史学大师,1945年毕业于齐鲁大学历史系。1956—1993年在上海社会科学院历史研究所从事学术研究工作,可以说他学术生涯的大部分时间,乃至人生的大部分时间是和上海社会科学院历史研究所紧紧连在一起的。

在长达60年的研究历程中,方诗铭先生在中国古代史和中国近代史的许多领域都做出了开创性的贡献,《上海小刀会起义史料汇编》(1958年)、《上海小刀会起义》(1965年)、《中国历史纪年表》(1979年)、《古本竹书纪年辑证》(1981年)、《钱大昕》(1986年)、《中国史历日和中西历日对照表》(1987年)、《曹操·袁绍·黄巾》(1995年)、《三国人物散论》(2000年)等,就像一座座丰碑矗立在中国现当代史学史和历史研究所的所史上。他实在是一位大师级的人物,是本所的光荣!

方先生不仅仅是一位学者、研究员、古代史研究室主任,也曾在20世纪80年代中期担任过本所所长。换言之,他是继李亚农首任所长之后,第二位担任过本所正所长的人士。他对于本所学术建设的路径、方向和特点,也曾贡献出许多宝贵的实践与经验。

吾生也晚,当我在1992年8月来到田林路2号3楼历史研究所临时驻地工作时,已是方先生退休的前夕。此时的他七十有余,早已从领导岗位上退了下来,但仍是所里的一位研究员。他戴着深度眼镜,身材瘦削,沉默寡言,除了参加全所大会外,很少走出古代史研究室。

我当时正在《史林》编辑部担任编务,副主编杨善群老师每隔二三个月会编定新一期的用稿目录,然后命我拿到当时担任主编的方先生面前,请其审阅、定夺。他通常粗阅一遍后,便点头称可。此时我才发现,方先生讲话时有较浓重的四川口音。

当时的《史林》杂志常刊有一些方先生有关三国历史的论文,字里行间,袁绍集团,曹操集团,刘备集团等,方先生是对正史作研究,与《三国志通俗演义》有同有异,这令我颇为好奇。

在我与方先生为数极少的接触中,特别记得的是他对我的"一让之恩"。当时临时驻地的厕所出入口很小,差不多只能供一人出入。有一次方先生和我正好在门口迎面而对，我正欲避让，但他却身子一侧，坚持让我这个二十出头的年轻后生先行通过……

1993年年中，方先生退休了，此后我再也没有见过他。我对他学术人生有较多的了解，是在近年来从事所史研究之后。始知方先生是历史所的"第一桶金"、20世纪50年代赫赫有名的中国近代史资料集——《上海小刀会起义史料汇编》(1958年)的倡议者和实际主持人，该书在学术史上占据着非常重要的地位。前两年，我又在本研究室发现了两本黑色的记录本，里面有许多方先生在1959年的讲话，显然他也是"文革"前历史所的另一重大成果《五四运动在上海史料选辑》(1960年)的深度参与者。毫无疑问，方诗铭先生对历史研究所的贡献是至大的！

近些年，我和方先生的女公子方小芬女士也多有接触，蒙其赠送厚重的、三大册的《方诗铭文集》。拜读之下，得以较为充分地领略了方先生的学术风采，实在是获益匪浅。在这里要向方女士表示感谢！每当我和她谈及其父的往事时，她常常脸颊泛红，乃至双眼湿润。

今天的历史研究所，是历史上的历史研究所的延续，是数百名像方诗铭先生这样的前辈们用心血塑造和凝结的。差不多还有100天，我们即将迎来21世纪的20年代。在2020年代，历史研究所将如何发展？将走怎样的道路？这是摆在我们面前现实而迫切的问题。俗话说，知古鉴今，这也正是我们今天在这里纪念方诗铭先生并发行其纪念册的一大意义。

附 录

今天对我们历史研究所来说,实在是个非同寻常的日子。60年前的今天,即1959年9月26日,历经三年筹备阶段的中科院上海历史研究所终于宣告正式成立,至此归并入上海社会科学院。换言之。"上海社会科学院历史研究所"这个名词是在60年前的今天才正式登上历史舞台的。

在当年的正式建所大会上,中共上海市委宣传部副部长陈其五同志曾到会讲话,他的讲话稿具有指导性意义,此时此刻已发布在本研究室的公众号"上海史研究通讯"上。

据本所老同人张铨老师回忆,60年前正式建所大会之后,会议组织方曾为与会者准备了奶油蛋糕。今天,我们在稍后的午餐时分,也为大家准备了奶油蛋糕,以此作为纪念和呼应。今天,张铨老师也在场,我们要请他慢慢品尝。

晚年时的方诗铭先生

我们中的年轻人,除了今天以外,也许有人有幸会在60年后又一次吃到历史所的奶油蛋糕,到那个时候,请一定告诉在场的"历史所人",今天我们这里发生的故事。

好了,我的话讲完了,谢谢大家。

(原载"上海史研究通讯"微信公众号2019年9月27日)

附 录

永怀《史林》首任副主编刘修明老师

马 军

今年2月19日入夜,酒后归家的我突然看到了潇江兄发来的微信,得知其父刘修明先生已于2月17日(大年初六)因肺炎而离世。我不禁泣不成声,"历史研究所的老人又走了一位,哎呀,我还有很多问题没有问他呢……"潇江兄又告知:因春节期间不便广而告之,所以遗体已经火化,与之相伴的是父亲的两部著作《儒生与国运》和《老子答客问》。

刘修明老师,1940年生,原籍江苏滨海,九三学社社员。1963年从复旦大学历史系毕业后分配到上海社会科学院历史研究所,1991年被评为研究员,2000年退休。曾任《史林》副主编、《社会科学报》常务副主编、中国秦汉史研究会副会长,主要从事中国古代史、秦汉史和史学理论研究。

我第一次见到刘老师是在1992年年底的某天,那时我入历史研究所不久,本所的世界史研究室即将转隶淮海中路的院部,所里便假田林路2号4楼的新闻研究所会议室召开欢送会。在李华兴常务副所长、潘光室主任、方诗铭先生发言之后,一位身材挺拔、身着蓝色滑雪衫的中年学者风尘仆仆赶到会场,他有一句话我至今记忆犹新,"历史所独自在外,现在院里有人把历史所称为社科院的西伯利亚……"旁人告知,这位是刘修明老师,原来在本所搞古代史研究,现在调到了院部的《社会科学报》编辑部当副主编。

不久后,刘老师又调回了历史研究所,按其本人的说法:新闻行业责任重,节奏快,尤其是每次签字付印时,心理压力很大,以致自己的血压直线上升,不得不又回到所里来了。他有一次告诉我,他的高血压病是原发性的,从29岁时就查出来了。我还听闻,由于是业务上的佼佼者,他也是在那一时期被选派、借调到了"文化大革命"时的上海市委写作组。不过按他本人的解释是,"那只是外围而已,不知内情的人以为我们是'四人帮'爪牙,其实我连张春桥也没见过",而且"那时写文章没有稿费,发几本笔记本而已"。

"文化大革命"结束以后,刘老师重回历史研究所继续专注于秦汉史研究。我1992年进所工作时,曾偶然间在学术秘书室读到过他的一部专著《从崩溃到中兴:两汉的历史转折》(上海古籍出版社1989年版),立刻被他强烈的史感和明晰的文笔所吸引,印象最深的是绿林军攻进新莽朝廷的短兵鏖战,写得真是惊心动魄!那一时期,我还聆听过刘老师在所里的两次学术报告。一次大约在1993年的5月间,当时学界正忙于纪念毛泽东诞辰100周年,刘老师就他整理出版的《毛泽东晚年过眼诗文录》(花山文艺出版社1993年版)发表了介绍性的讲话,记得他的大意的是:对毛泽东晚年的问题和错误,与其归咎于他个人,不如从中国这个东方古老国家的历史发展中去寻找原因。还有一次,是他就美籍德裔汉学家魏特夫(K. A. Wittfogel)关于"中国古代社会是一个治水社会"的观点,专门发表了自己批评性的见解。总之,在我的印象中,刘修明老师是一位治学至正、功力深厚的父辈学者,而且向有"才子"之誉。

在日常的谋面交谈中,在单位组织的若干次旅游、疗养中,刘老师让众人最能感知的就是他的亲和力,他自己是一位学富五车的大学者,但无论对同事或晚辈,无论对科研人员还是行政人员,都一贯平易待人,没有一点架子,完全一介平民的样貌。记得有一次他甚至告诉我,自己的母亲是一个纺织女工,母亲有个小姐妹,曾将自己的女儿介绍给他做女朋友,但该女最终还是嫌他是个穷书生而另攀了高枝。"为此,自己痛苦了好一阵子。"刘老师讲这番话的时候,正值读书无用论,尤其是读历史书无用论盛行之时,其中的落寞感颇能引起我的些许共鸣。还有一次,他谈到了自己的名字"刘修明",说在"文革"中"修"字常被人戏谑地与"苏修"联在一起。

书生不忘忧国忧民,平日里刘老师常喜谈国事、政事,对社会上的不平现象,多有批评和忧叹之言。我猜想,这恐怕与他治秦汉史有关,那是中国传统时代基本理念和国家秩序的成型时期,离不开对天、君、民等大命题的深切关怀。

我曾因缘际会两次到刘老师位于长寿路桥附近的寓所拜访。第一次是在1992年入所不久,作为学术秘书给他送去评审材料。进屋后,他邀我入座稍谈,很随和地与我这个毛头小伙聊起家常。一室一厅的房间内,两侧放置着5、6个书橱,记得每排书架的空隙处放满了各类的小型工艺品,尤以茶壶居多。第二次大概是在5、6年以后,其时刘老师研究中国古代知识分子的倾力之作《儒生与国运》(浙江人民出版社1997年版)已经出版,刘老师向我表示,自己的身体和视力都不行了,以后不准备搞(学术)了,以养身体为主。谈毕,他将我送至了车站。以后,他长期寄情山水,以茶为乐,即出于此。

1995—1998年,我在本院研究生部攻读在职研究生,同学之中有刘老师的长公子刘潇江君。潇江攻读的是法律学,志趣、性格与其父迥异,唯身材、长相倒是相像。潇江还曾引其弟潇春前来游玩,潇春身材中等,不似其兄高挑。二十多年过去,如今的刘氏兄弟均已事业大成。我不禁感叹,刘修明老师青灯黄卷,辛勤一生,福报都在儿子身上了。

顺便一提的是,读研究生时刘老师有一次曾示意我:"马军,你们是同学,刘潇江有什么'活动',你要向我报告啊。"我笑而不答。后来我才知道,刘老师对他人宽,对自己的儿子是很严的。

……

去年10月某日,我在微信朋友圈里看到翁长松先生晒出了一张他去徐汇区中心医院探望刘修明老师的照片:翁氏与卧床的刘老师紧紧握手。几日后,我亦循路前往探望。刘老师已长住该医院有年,虽然坐着轮椅,人见老见瘦,但谈吐、听力均不成问题。尽管有5、6年未见了,但他一下子就认出了我。寒暄之后,我们谈了约20分钟,我询问了他一些有关本所所史的问题,特别谈到了以前的副所长徐崙先生,他说:"徐崙是'文革'前所里发表文章最多的人。"刘老师同意我的看法:今天的历史研究所,是历史上的历史研究所的延续,对所史要好好总结。我请他多多保重身体,以后寻机再谈。

当然,此时此刻的我完全明白,这样的机会以后是不会再有了!

这么多年来,相较于所内其他前辈,刘修明老师给我多添了一份亲切感。我想,除了他朴实的个性外,恐怕还有其他一些因素,那就是我们都是平民子弟(其母是纺织女工,而家母是电梯女工),而且从复旦大学历史系毕业后,一直都在上海社会科学院历史研究所服务。这些或许是我们两人的相似之处,但不太相似的是,他的学术成就令我望尘莫及。他在20世纪的80、90年代,以没有休息日的工作热情,日录夜作,竭力想补回"文革"中丧失的时光,从而迸发出极高的学术活力。最近,我在编纂他的成果目录时发现,他的发文之多,尤其是高级刊物用稿之多,远远超过了我的预料。特别是在80年代上半期,几乎年年要发表十几篇论文、文章。在那个手写的时代,他实在是太辛苦了。

前一段时间,与潇江兄谈及其父,潇江不无遗憾地表示,在父亲生前,自己几乎没有好好读过他的文章。我遂喃喃地应道,"虽然令尊走了,但他的文章和书都在,以后你可以在字——里——行——间——再——见——到——他。"

对我来说,又何尝不是这样呢!以往我读的刘老师的书太少了,也没有机会多聆听他的讲课,以后亦只能在字里行间重新拜会他了。当然,我还有另一个途径,那就是在潇江兄的举止和声音之中,常让我感知有刘老师的风采蕴含其中,毕竟父子连心。

潇江兄有一子,在伦敦大学大学学院留学,据说其专业与历史学有关,刘老师曾为此甚感欣慰。

撰于 2021 年 4 月 11 日

(原载"上海史研究通讯"微信公众号 2021 年 4 月 11 日;《上海史研究通讯》新刊第 3 辑,2021 年 12 月;马军编《历史学家刘修明纪念集》,上海社会科学院出版社 2023 年 1 月版,第 216 至 219 页。原标题为《永怀刘修明老师》)

刘修明先生(1940—2021 年)

附录

《史林》杂志重要时间节点(截至 2010 年)

马 军

1981 年 2 月 14 日　历史研究所研究人员徐元基、齐国华书面倡议由本所创办一份历史专业刊物。

1981 年 5 月某日　历史所人员讨论办刊事宜,姜沛南、周永祥、王少普、陈祖恩、刘修明等均表赞成。

1985 年 7 月 24 日　《史林》(季刊)经中共上海市委宣传部批准创刊,上海市期刊登记证为 427 号,是上海社会科学院历史研究所主办的历史专业学术刊物。

1986 年 3 月 9 日　刘修明在 1986 年 3 月 9 日《社会科学报》上发文《历史研究新园地——〈史林〉创刊》。

1986 年 4 月　《史林》创刊号面世,登出首份《征稿启事》。编辑部位于上海市徐汇区漕溪北路 40 号,主编方诗铭,副主编刘修明。每期定价 1.25 元。

1988 年 3 月	自 1988 年第 1 期(总第 8 期)起,每期定价升为 1.50 元。
1989 年 3 月	由于纸张、印刷费的上涨,不得不改版,每期篇幅由原来的 150—160 页,压缩为 80 页,并改以内稿为主,一般不再采用外稿。
1989 年底	首次推出增刊,即 1989 年增刊(总第 16 期)。
1992 年 3 月	从 1992 年第 1 期(总第 25 期)起,《史林》杂志首次明列负责人名单,即主编方诗铭,副主编杨善群、张铨。
1993 年 3 月	从 1993 年第 1 期(总第 29 期)起,每期定价升为 2 元。
1995 年 3 月	从 1995 年第 1 期(总第 37 期)起,增补熊月之为主编,张铨不再担任副主编,增补钱杭、周武为副主编。每期定价升为 3 元。
1997 年 3 月	从 1997 年第 1 期(总第 45 期)起,每期

定价升为4元。

1998年3月	从1998年第1期(总第49期)起,杨善群不再担任副主编。每期定价升为5元。
1998年10月	《史林》编辑部迁入上海市中山西路1610号上海社科院分部大楼1414室,后移至1401室。
1999年6月	从1999年第2期(总第54期)起,增设编委,依次为方诗铭、熊月之、钱杭、周武、杨国强、李天纲、程念祺、陈克艰。该期首次刊登商业广告。
1999年11月20日	从1999年第4期(总第56期)起,编辑部的互联网址为www.shhi.ac.cn,电子信箱为Lss@sass.stc.sh.cn。
2000年2月3日	《史林》首任主编方诗铭先生离世。
2000年2月20日	从2000年第1期起,方诗铭不再名列主编、编委。新工作班子如下:主编熊月之,副主编钱杭、周武,编委熊月之、

	钱杭、周武、杨国强、李天纲、程念祺、陈克艰。每期定价升为10元。
2000年11月20日	从2000年第4期(总第60期)起,编辑部互联网地址易为www.historyshanghai.com,电子信箱易为hone@historyshanghai.com。
2001年8月20日	从2001年第3期(总第63期)起,编辑部电子信箱易为shilin33@hotmail.com。
2002年5月20日	从2002年第2期(总第66期)起,增补芮传明、罗苏文、郑祖安、程兆奇、虞万里为编委。
2003年2月20日	从2003年第1期(总第70期)起,《史林》由季刊改为双月刊(逢双月20日出版),每期页数不变,每期定价升为12元;李天纲不再担任编委;增设特约编委,即:卜正民(加拿大多伦多大学)、王国平(苏州大学)、王汎森(中国台湾地区"中研院"史语所)、王家范(华东师范大学)、艾尔曼(美国普林斯顿大学)、卢汉超(美国佐治亚理工学院)、叶文心

（美国伯克利加州大学）、叶凯蒂（德国海德堡大学）、刘志伟（中山大学）、安克强（法国里昂第二大学）、朱英（华中师范大学）、毕可思（英国布雷斯特大学）、苏智良（上海师范大学）、陈剩勇（浙江大学）、范金民（南京大学）、茅海建（北京大学）、杨玉圣（北京师范大学）、赵世瑜（北京师范大学）、姜义华（复旦大学）、高纲博文（日本大学）、常建华（南开大学）、梁元生（香港中文大学）、熊秉真（"中研院"近代史研究所）、黎志刚（澳大利亚昆士兰大学）。

2003年12月20日　从2003年第6期（总第75期）起，编辑部电子信箱易为 shilin33@history-shanghai.com。

2004年4月20日　从2004年第2期（总第77期）起，陈克艰由编委易为特约编委。

2004年12月30日　首次推出口述史增刊，即2004年增刊（总第82期）。

2005年4月20日　从第2005年第2期（总第84期）起，增

	补行龙(山西大学)、杨念群(中国人民大学)、郭太风(东华大学)、裴京汉(韩国新罗大学)、戴一峰(厦门大学)为特约编委;成立《史林》杂志理事会,理事长熊月之,副理事长钱杭、方志远(江西师范大学历史系)、姜锡东(河北大学历史研究中心),秘书长张启民,理事王世华(安徽师范大学)、钱国旗(青岛师范大学)、高飞(台州师范学院台州文化研究所)、冀伯祥(重庆师范大学历史与文博学院)、王慕民(宁波大学文学院)、宋耀廷(北京联合大学应用文理学院)、龚国庆(浙江师范大学历史研究所)、李清凌(西北师范大学历史系)。
2005 年	据中国人民大学书报资料中心2005年度《复印报刊资料》全文转载量统计,《史林》已从2000年的第15位上升至2005年的第3位。
2006 年 2 月 20 日	从2006年第1期(总第91期)起,宣布"本刊严格实行双向匿名审稿制"。
2006 年 6 月 20 日	从2006年第3期(总第93期)起,郭太

風(东华大学)不再担任特约编委。

2006年8月20日　从2006年第4期(总第94期)起,每期由原来的128页增至192页。

2006年　《史林》已入编《中文核心期刊总目总览》、《中文社会科学引文索引》(CSSCI)来源期刊、中国期刊全文数据库(CJFD)全文收录期刊、中国学术期刊综合评价数据库(CAJCED)统计源期刊、《中文科技期刊数据库(全文版)》。

2007年2月20日　从2007年第1期(总第97期)起,每期定价升为18元。

2008年6月20日　从2008年第3期(总第106期)起,增补马军、马学强、宋钻友、罗苏文为编委。

2008年10月20日　2008年第5期(总第108期)首次推出关于《史林》引文注释的规定(试行)。

2009年2月20日　2009年第1期(总第110期)起,每期定价升为20元。

2009年4月20日	从2009年第2期(总第111期)起,钱杭不再担任副主编、编委,周武不再担任副主编,杨国强、郑祖安不再担任编委;熊月之继续担任主编,虞万里、马军任副主编,王维江任编辑部主任;增补张剑为编委,增补杨国强(华东师范大学)、钱杭(上海师范大学)为特约编委;编辑部电子信箱易为 shilin33@sass.org.cn。
2009年6月20日	从2009年第3期(总第113期)起,程念祺不再担任编委。
2009年10月20日	从2009年第5期(总第115期)期,叶凯蒂、陈克艰不再担任特约编委。
2009年末	《史林》编辑部迁至上海市中山西路1610号2号楼826室,后移至836室。
2010年10月20日	从2010年第5期(总第122期)起,马军不再担任副主编。

(原载"上海史研究通讯"微信公众号2021年9月2日)

附 录

我曾当过《史林》杂志的编务

马 军

1992年我从复旦大学历史系本科毕业后,被分配到上海社会科学院历史研究所工作。头一年,所领导安排我在学术秘书室撰写工作简报以为实习阶段,第二年则转入工人运动史研究室从事研究。其接合之际,我还曾短暂出任过《史林》杂志的编务。

《史林》创刊于1986年,是历史所主办的史学专业刊物,当时的主编是方诗铭先生,副主编是杨善群老师(负责常务)、张铨老师。由于订户日少,杨对原先的编务产生了不满,故向所领导提出由我来替换。作为一个刚入职的年轻人,自然没有拒绝的道理。

当时的历史研究所暂居田林路2号3楼,一切因陋就简,《史林》编辑部就位于入口右侧的一间小房内,大约七八个平方米,屋内设施简单,几个书柜,两张紧靠在一起的写字台,再加几张椅子而已。每星期二、五,杨老师"坐镇中军",忙忙碌碌,我则在旁帮忙做些杂物。具体来说有这样几项工作:

其一是登记来稿。就是在一个本子上写上投稿者的名字、单位、论文名称和投稿时间。当时并没有现在的C刊制度,所以来稿不多。若是纯粹的、没有关系的外稿,被遴选刊用的可能性是不高的。

其二是在拟刊的文稿上打字号。即用粘过印泥的字模,在大小标题、正文、注释等的前面打上"此处用某体几号字",以便排版人员做相应的操作。

其三是"轧版"。由于一篇论文在排版后往往会多出几行字,若占据一页会显得浪费,于是就要相机处理。通常有两种办法:要么是到文内寻找、删掉若干句无关紧要的话语,要么就是转页,在页尾注明"下转某某页",又在相应页的上端写上"上接某某页"。

其四就是校稿。就是和各位编辑一起共同分担清样一、二、三次的校对。(校对的各种符号,我就是从那时学会的)

其五是在刊发以后,按照所占版面的多少,计算各位作者的稿酬。

此外,还有一项工作,就是每当杨老师确定新一期的刊文目录后,要奉他之命将其呈送给古代史研究室里的方诗铭先生审阅。方先生当时已经七十多岁了,他通常粗阅一下,就会表示认可。

记得那时经常出入编辑部的兼职编辑有芮传明、钱杭、吕静、丁之方等人。杨善群老师是名门之后,学问也好,但似乎疏于世故,常常会当面指责某编辑"校对不认真",弄得别人不胜尴尬。不过几个流程下来,我也确实从他那里了解、学习到了一些编刊的经验。

那时还发生过这样一件事,杨老师派我到上海新华书店去要债,原来《史林》杂志是靠新华书店上海发行所代售的,他们已经积欠了7000多余元未支付,多次催促无效。我随即赶到延安东路、四川中路交界的某大楼要账,那个接待我的人叫袁佩钧(后来调往本院出版社工作),我向他说明了来意。大约一个星期后,黄玉妹会计师告诉我,账到了,居然有7万多元。显然是新华书店方面搞错了。黄会计师揶揄道:"这一回,得他们来找我们了。"她又笑着补了一句:"小马,真有本事啊。"

显然,大家对我的工作还是满意的。但办完了几期以后,我就离开了《史林》编辑部,因为工运史研究室的主任郑庆声老师希望我多从事本室的研究工作。

以后的十几年间,我零零星星地参与过《史林》编辑部的一些工作,从校稿到编辑,还执行主编过四期口述史增刊。到了2009年,已经是研究员的我,甚至担任过《史林》的副主编,不过时间依然不长,仅一年多而已。

(原载"上海史研究通讯"微信公众号2021年9月4日;马军著《故纸与往事》,上海人民出版社2022年1月版,第50至52页)

我是怎样在《史林》上发表第一篇论文的?

马 军

大学时代,喜欢写写弄弄,也曾在期刊上发表过多篇"豆腐干"乃至 2、3 页的小文章。但发表正式的论文则还是在 1992 年 8 月进入上海社会科学院历史研究所工作之后。

进所第一年,我在学术秘书室实习,负责撰写学术简报。闲暇之时,可以翻阅到所里的《史林》杂志。(这份杂志,我在复旦大学求学时曾在历史系资料室见到过,只是从未向其投稿)从署名处,可以发现许多所内前辈的名字,这也是一个熟悉他们旨趣和研究状况的过程。天天翻,翻多了,读多了,心里也不免痒痒,"为什么自己不试试呢?""看呀,也不见得非要引用外文资料呀""既然我已选择来历史研究所就职,写论文、发论文是迟早的事,那么就从现在开始吧。"那时我的兴趣主要在世界军事史,尤其是苏联卫国战争史(1941—1945 年),曾阅读过许多苏联和德国将帅的回忆录以及相关的战史著作,所以很快就决定写其中的合围战问题。因为合围战曾在苏德战场上发生过数十次,在短时期内就可决定数千、数万乃至数十万官兵的生死,从而影响着整个战局的走向。

历史研究所有一个藏书 20 多万册的资料室,各类主题均有一定的覆盖性,而且可以入库挑选。按照当时的规定,

附 录

一个人总共可以借出50本书,这比在学校时只能借几本书的情况要宽裕、方便多了。所以,我把相关的书籍几乎都陆续借回了家。(后来归还时,是用旅行包一次性装回的)在那没有网络的年代,本单位的藏书状况对学人实在是太重要了,我从中获益匪浅。此外,我还曾前往因历史原因而位于华东政法学院之内的本院图书馆借过书,那是在中山公园的后侧,交通不便,通常骑车前往。大概有两栋相关建筑,一栋是叫"六三"楼,另一栋叫"八一"楼,虽然设备古旧,但中外藏书却极丰富,不过只能查阅卡片,由工作人员入库调书。还有,就是我在母校图书馆办了一张阅览卡,仍然可以经常返校阅书。总之,在论文的资料储备上是有一定保证的。

整个论文前后大概写了二三个月,当时是靠手写,先是用一般稿子,最后誊抄在500格的大稿纸上。(这种大稿纸可以在所内领取)写作过程中最感困惑的,倒并不是资料的分类和配置,甚至也不是全文的结构和组合,而是修辞。由于之前自己的文字能力较差,亦没有受过严格的行文训练,所以为了表述清楚,常常写得很啰唆,而且标点符号,尤其是顿号、逗号和分号的运用也不够准确。再加缺乏自信,为了一句句子,常常会反复斟酌多遍,甚至十几遍,几十遍,直到读通、读顺为止,以致自己沉浸在字里行间,弄得头晕眼花。特别是在写作之初和临近结束时,还出现过失眠的现象,这显然是思虑过度所致。其间,面对某些技术环节,我琢磨了很久,仍然不知如何处置,于是就去翻阅旧刊,模仿前人的做法。我是笨人笨办法,慢慢走,走了弯路,再返回来,然后再走下去,就这样,终于定稿了。

当时并没有现在的核心刊物制度,也没有与发论文相关联的高额奖励,更没有硕士生、博士生为了毕业要想尽一切办法去发C刊,所以《史林》的来稿并不算多,若是内稿的话,就更为宽容了。学术秘书室的领导人孟彭兴老师本来就鼓励我写论文,见我已写成一稿,就亲自为我改稿,只见他用毛笔蘸着红墨水在稿子上点点弄弄,划去了若干重复、雷同之处,对某些不妥的用词也进行了校订。记得他还说了一句:"你的字,有的写得很怪啊……"

孟老师也是《史林》的责任编辑,下一步就由他推荐给了编辑部。之后,一切顺顺当当的。一篇一万多字、名为《苏德战争合围战特点探析》的论文,就这样发表在《史林》1993年第3期上。这时离我进所正好一年时间。新刊到手,看到自己的"处女作"被印成了8页,自然是陡增了不少的自信,这可是比发文本身更大的收获啊!

在以后近30年的学术生涯中,我又有一二十篇大小不等的文字在《史林》上发表过,这是历史研究所、《史林》杂志给我的恩惠,当永志不忘! 现在常有人说发文章难,事实上,在那个时候发文章也不容易。在学术的成型阶段,本所之中得益于《史林》的鼓励而成长起来的,想必绝非只有我一个人。

顺便一提的,我的首篇论文后来被台湾著名的《历史月刊》编辑部看中,他们嘱我将文字通俗化后,附之地图、照片,然后转发在该刊上,以飨大众读者。

撰于 2021 年 9 月 4 日

(原载"上海史研究通讯"微信公众号 2021 年 9 月 11 日)

二、相关资料

1986—2010年《史林》杂志"上海史研究"篇目汇编

马　军　编

编者按：上海社会科学院历史研究所自1978年复所以后，向以"上海史研究"为主要战略方向，其办《史林》杂志有大量刊文，今列目以飨学界。

1986年

1986年第1期（总第1期），1986年4月

札记：圆仁到过沪渎港吗？（申丁）

五卅运动和上海租界统治的动摇（郑祖安）

一九二二年上海罢工高潮的兴起（上）（陈卫民）

札记：关于邹容参加拒法集会问题（越之）

开埠初期的上海（卢汉超）

1986年第2期（总第2期），1986年7月

清乾嘉时期的上海港与英国人寻找新的通商口岸（谯枢铭）

两次七宝之战考辨(杨其民)

论王韬的"实学"与社会改革(齐国华)

一九二二年上海罢工运动的兴起(下)(陈卫民)

札记:上海县学尊经阁寻踪(施礼康)

1987年

1987年第1期(总第4期),1987年3月

关于上海工人三次武装起义的评价问题(沈以行)

上海城市发展的历史过程及其今后的建设(周维衍)

上海租界史上最早的新闻出版法(陈正书)

近代上海城市地名研究(上)(郑祖安)

上海小刀会起义(1853—1855年)([法]约瑟夫·法斯著,倪静兰译,章克生校)

解放前上海的包身工制度([美]韩起澜著,吴竞成编译)

札记:上海小刀会与闽浙会党(邵雍)

1987年第2期(总第5期),1987年6月

评国民党御用工具——上海工统会和上海工总会(周永祥)

简论上海开埠后的社会与文化变迁(李天纲)

西方物质文明在近代上海(卢汉超)

近代上海城市地名研究(续)(郑祖安)

1987年第3期(总第6期),1987年9月

上海"泥城之战"(郭豫明)

论上海工人第三次武装起义胜利的原因及其评价(郑庆声)
古代上海地区私家藏书概述(施礼康)
上海开埠前西方商人对上海的了解与贸易往来(李荣昌)
论上海租界的双重影响(熊月之)
上海公共租界临时法院改组问题初探(吴健熙)

1987年第4期(总第7期),1987年12月
晚明上海士大夫及其社会思潮(王守稼)
札记:八一三抗战中的上海救亡画刊(吴景平)
试论民初沪、苏商民"裁厘加税"之争(王翔)
关于"六三"大罢工的几个问题(姜沛南)
上海近代工业中心的形成(陈正书)

1988年

1988年第1期(总第8期),1988年3月
"四·一二"前后的陈光甫与蒋介石(邢建榕)

1988年第2期(总第9期),1988年6月
论"五卅"中的上海工人运动(张铨)
关于"上海邮务工会"——中国黄色工会的一个剖析(饶景英)
晚清抗粮斗争:上海小刀会和山东刘德培(上)([美]裴宜理著,章克生、何锡蓉译)

1988年第3期(总第10期),1988年9月
上海顾绣述论(陆菁)
静安寺寺名年代小考(杨其民)

1988年第4期(总第11期),1988年12月
评《近代上海大事记》(胡安权)
中国共产党创立初期的上海工人运动评估(陈卫民)
上海租界浅析(张铨)
上海图书馆事业发展的特殊历程(施礼康)
晚清抗粮斗争:上海小刀会和山东刘德培(续)([美]裴宜理著,章克生、何锡蓉译)

1989年
1989年第1期(总第12期),1989年3月
如何评价柳亚子?(王晶垚)
早期进入上海租界的日本人(谯枢铭)

1989年第2期(总第13期),1989年6月
明清时期江南一个县份的社会经济结构——苏州府嘉定县个案研究(陈学文)
十九世纪时上海人怎样看租界(冯绍霆)
论不同经济形态下开发上海自然交通资源的不同观念(陈正书)

《史林》杂志目录(1986—2010年)及研究

1989年第3期(总第14期),1989年9月
明清上海地区耶稣会士译著一瞥(史量)
上海租界的形成([日]加藤佑三著,谯枢铭译)

1989年第4期(总第15期),1989年12月
上海公共租界会审公廨论要(张铨)
评"一·二八"战争前后沪西日商纱厂大罢工(饶景英)

1989年增刊(总第16期),1989年底
20至30年代上海产业工人队伍构成的特点及生活状况(罗苏文)
近代上海商业略论(潘君祥、陈立仪)

1990年

1990年第1期(总第17期),1990年3月
明代上海地区城镇的增长、分布及其特点(张忠民)
鸦片战争前上海与香港之历史比较(陈正书)
上海公共租界会审公廨论要(续)(张铨)
《上海史》简介

1990年第2期(总第18期),1990年6月
论"八一三"上海抗战效应(孟彭兴)
古代上海与日本交往(谯枢铭)
上海开埠与苏南地区经济格局的变化(戴鞍钢)

一九二八年的上海工人运动新探(郑庆声)

1990年第3期(总第19期),1990年9月
"里应外合"平议(聆耳)
新剧:近代上海一种流行艺术的兴衰(许敏)

1990年第4期(总第20期)(纪念鸦片战争一百五十周年特辑),1990年12月
鸦片战争与1845年《上海租地章程》(吴乾兑)
解放前夕上海公交公司工人的应变斗争(马庆文)

1991年
1991年第1期(总第21期),1991年3月
论中国共产党在八一三上海抗战中的作用(孟彭兴)
1843年上海之行([英]罗伯特·福钧著,郑祖安译,吴德铎校)
中国劳动组合书记部性质异说(刘功成)

1991年第2期(总第22期),1991年6月
中国教育会与爱国学社——近代教育救国方案的初步实践及其伟大意义(孟彭兴)
帝国主义在华领事裁判权的形成、废除及其斗争(华友根)
租界的起源和上海公共租界的形成(季平子)
上海史研究二题(杨其民)

1991年第3期(总第23期),1991年9月

马克思主义与中国工人运动相结合——一九二〇年上海工人运动的特色(张统模)

吴中水利与滨海盐利——兼论明清两代上海盐业衰颓的原因(何泉达)

五十年代上海工运史料工作回顾(沈以行)

札记:从王韬《瀛堧杂志》一瞥上海开埠后西人体育(史量)

1991年第4期(总第24期),1991年12月

论一九二八年上海的"七大工会"(郑庆声)

1992年

1992年第1期(总第25期),1992年3月

"一·二八"淞沪抗战及其意义(张铨)

彪炳史册的"一二八"淞沪抗战(饶景英)

九一八、一二八事变和上海民族资产阶级(张义渔)

丁文江和淞沪商埠督办公署(吴健熙)

一个不应被忽视的历史案件——考英商美查兄弟公司上海榨油厂(陈正书)

书评:一部具有特色和创见的工运史专著——《上海工人运动史》(上卷)评介(陆象贤)

上海社会科学院历史研究所最新科研成果(六):《上海工人运动史》上卷(沈以行、姜沛南、郑庆声主编,辽宁人民出版社版);《中国劳动组合书记部在上海》(陈卫民编

著,知识出版社版)

1992年第2期(总第26期),1992年6月
论"八一三"淞沪抗战期间蒋介石的战略指导(孟彭兴、黄新田)
士·娼·优——晚清上海社会生活一瞥(许敏)
论三十年代犹太难民涌入上海的原因(周国建)
试评上海时期的朝鲜临时政府(孙科志)

1992年第3期(总第27期),1992年9月
近代上海教育、科学、文化事业的拓展与推进(罗苏文)
穆志英是妇女运动的先锋吗?(陈卫民)

1992年第4期(总第28期),1992年12月
上海:晚清革命思想的宣传中心(顾晓虹)
论一九三六年上海工人运动的转变(郑庆声)
大韩民国临时政府诸问题探略(余建华)
上海社会科学院历史研究所最新科研成果(九):《石库门:寻常人家》("大上海"丛书之一)(罗苏文著,上海人民出版社版)

1993年
1993年第1期(总第29期),1993年3月
明清时期宝山地区市镇结构探索(朱子彦)

八·一三淞沪抗战意义论析(陈祖怀)
资料:上海租界第一次《地皮章程》中文原本书后(陆文达)

1993年第2期(总第30期),1993年6月
格致书院与西学传播(熊月之)
上一个世纪之交浦江航道之争的历史启示(陈正书)
南京大屠杀的预演——"八·一三"日本在上海暴行考略
　　(孟彭兴)
解放前的帮会与上海工人运动(陈卫民)

1993年第3期(总第31期),1993年9月
近代上海市民精神风貌探讨(张铨)
三十年代上海的帮会与工会(饶景英)

1993年第4期(总第32期),1993年12月
近代上海帮会透视(张铨)

1994年
1994年第1期(总第33期),1994年3月
五四运动期间上海的民族资产阶级(张义渔)
粤剧在旧上海的演出(宋钻友)

1994年第2期(总第34期),1994年6月
上海法租界会审公廨(张铨)

1994年第3期(总第35期),1994年9月
论钟天纬——中国近代化和富强之路的探索者(李华兴)
项英与上海工人运动(马军)
海外书讯:美国《中国史研究》(季刊)出版《1919—1949上海社会运动》专辑(田耳)

1994年第4期(总第36期),1994年12月
邵力子与早期上海工人运动(陈卫民)
上海沦陷时期"伪工会"述评(饶景英)
论1895—1927年上海都市郊区市镇的变化(罗苏文)
日本居留团和上海日侨子弟学校(吴健熙)
战前日本的上海史研究述略——从语言学家新村出谈起([日]野泽丰著,吴健熙译)
关于"华人与狗不得入内"问题(张铨)

1995年

1995年第1期(总第37期),1995年3月
上海潮人研究三题(宋钻友)
上海日本人居留民关系年表(明治编)(高纲博文、陈祖恩)

1995年第3期(总第39期),1995年9月
论日本侵华战争的残酷性、掠夺性和破坏性——以日本侵华战争时期在上海所犯罪行为例(张铨)
马相伯晚年宗教生活与思想(李天纲)

移民与上海地名的变迁(张鸿奎)
近现代上海卢湾区同乡移民团体的考察(曹峻、方福祥)

1996 年

1996 年第 1 期(总第 41 期),1996 年 3 月
丁文江任职淞沪总办浅议(刘启峰、肖宁)
蒋介石与上海交易所——股票经纪人时期([日]横山宏章著,段梅译)
试论近代上海文化之特征(周学军)

1996 年第 2 期(总第 42 期),1996 年 6 月
论一九四八年初上海申新九厂大罢工(郑庆声)
试论"二九"斗争的经验教训(陈卫民)
近代上海城市土地永租制度考源(陈正书)
开埠初期上海的建筑([英]T. W. 金斯密著,江冬妮译,钱宗灏注)

1996 年第 3 期(总第 43 期)(庆祝上海社会科学院历史研究所成立四十周年专辑),1996 年 9 月
王韬《蘅华馆日记》(咸丰五年七月初一——八月十三日)(吴桂龙整理)
简论林乐知与《万国公报》(李天纲)
张元济与近代文化(周武)
历史上的上海形象散论(熊月之)

《长春园集》抄本和明代上海地区御倭事迹考略(承载)
开埠初期上海英美租界外侨的一些情况(郑祖安)
一个传统商帮的近代变迁——苏州洞庭帮在上海(马学强)
上海社会科学院历史研究所最新科研成果(二十一):《现代上海大事记》(任建树主编,张铨、罗苏文副主编,上海古籍出版社版)

1996年第4期(总第44期),1996年12月
陈化成与吴淞战役考实(李国环)
一个传统组织在城市近代化中作用——上海广肇公所初探(宋钻友)
论上海开埠初期的通事和买办(吴桂龙)
鲁迅眼中的上海(叶斌)
书评:一部上海公路运输的百科全书——读《上海公路运输志》(熊月之)
上海社会科学院历史研究所最新科研成果(二十二):《上海工人运动史》下卷(沈以行、姜沛南、郑庆声主编,辽宁人民出版社版)

1997年
1997年第1期(总第45期),1997年3月
近代城市中的文化张力与"视野交融"——清末上海"双视野人"的分析(梁元生)
近代城市社会·经济·空间——"近代中国城市发展史国

际学术讨论会"综述(严文军)
上海工运史研究的一座丰碑——读《上海工人运动史》(下卷)(余子道)

1997年第2期(总第46期),1997年6月
黄炎培与穆藕初——近代企业界与教育界携手奋斗之典范(陈正书)
李立三与上海工人运动(陈卫民)
路、里、楼——近代上海商业空间的拓展(罗苏文)
上海和哈尔滨犹太圣裔社述略(房建昌)

1997年第3期(总第47期),1997年9月
晚清上海地区学术史述论(张敏)
王韬是教徒吗?(杨其民)

1997年第4期(总第48期),1997年12月
论明清时期松江府的经济特色(马学强)
变被动为主动:八一三抗战的爆发(廖大伟)
上海工部局公务员制度考察(陆文雪)
二三十年代上海主要产业职工工资级差与文化水平(张剑)
"容易伤生笔一枝":吴趼人在上海的生活和经历(甘慧杰)

1998年
1998年第1期(总第49期),1998年3月
1927:上海市民自治运动的终结(李天纲)

上海日本人居留民的子弟教育(陈祖恩)
简评上海道契档案的史料价值(陈正书)

1998年第2期(总第50期),1998年6月
明清时期上海地区学风的嬗变(马学强)
中国近代城市用语的变化(郑祖安)
张元济与五四新文化运动(周武)
上海社会科学院历史研究所最新科研成果(二十八):《老上海
　　名人名事名物大观》(熊月之主编,上海人民出版社版)

1998年第3期(总第51期),1998年9月
明清上海的戏园与娱乐生活(许敏)

1998年第4期(总第52期),1998年12月
上海开埠初期伦敦会发展的基督教徒分析(叶斌)
从清末禁烟运动看上海华界的社会管理机制(甘慧杰)
论晚清上海外侨人口的变迁(吴桂龙)
20世纪20—30年代上海的社会教育(庄志龄)
民国时期上海租界问题述论(张培德)
古厩忠夫谈日本的上海史研究(陆文雪整理)

1999年
1999年第1期(总第53期),1999年3月
试论晚清上海服饰风尚与社会变迁(张敏)

上海工部局食品卫生管理研究(1898—1943)(陆文雪)

1999年第2期(总第54期),1999年6月
上海学研究笔谈(陈旭麓、唐振常、沈渭滨、熊月之、姜义华)
清代上海会馆公所及其在地方事务中的作用(张忠民)
论晚清上海的洋商与传教士(周武)
略论姚文栋边防思想及实践(张敏)
上海社会科学院历史研究所最新科研成果(三十二):《百年上海城》(郑祖安著,学林出版社1999年4月版)

1999年第3期(总第55期),1999年9月
建国初上海赈灾研究(承载)
晚清上海公共租界政权运作机制述论(袁燮铭)
上海的民族主义运动与朝鲜人——五卅运动剖析([韩]孙安石撰,陈祖恩译)
试论犹太人与近代上海经济(王健)

1999年第4期(总第56期),1999年11月20日
中国纺织机器制造公司历史再考察(朱婷)
海外史学名著评介:研究上海道台的力作——介绍《上海道台研究:转变社会中之联系人物,1843—1890》(熊月之)
上海社会科学院历史研究所最新科研成果(三十三):15卷本《上海通史》正式出版

2000年

2000年第1期(总第57期),2000年2月20日

书生论兵中的真知灼见——1860年前后王韬军事思想概述（单弘）

王国维与上海（陈同）

魏斐德与《上海警察》（周武、张剑）

上海社会科学院历史研究所最新科研成果（三十四）：《张元济：书卷人生》（周武著，上海教育出版社1999年5月版）

2000年第2期(总第58期),2000年5月20日

晚清新兴文化人生活研究——以王韬为例（张敏）

蔡元培与中国科学社（张剑）

慈惠与市政：清末上海的"堂"（梁元生）

海外史学名著评介：一部研究同乡团体的佳作——读顾德曼教授的《籍贯、民族和城市》（宋钻友、叶斌）

2000年第3期(总第59期),2000年8月20日

上海法租界巡捕房与三十年代的上海政治（一）（薛耕莘口述，王仰清、张鸿奎整理注释）

一个洋行职员的经历（毛履亨口述，宋钻友整理）

上海社会科学院历史研究所最新科研成果（三十六）：《上海地图集——150年的城市形象》（[法]安克强、[中]郑祖安合著，法国巴黎：国家科研中心出版社1999年11月版）

2000年第4期(总第60期),2000年11月20日
一部研究近代上海与日本关系的力作——读《魔都上海:日本知识人的"近代"体验》(甘慧杰)

2001年

2001年第1期(总第61期),2001年2月20日
上海庚子时论中的东南意识述论(刘学照)
上海法租界巡捕房与三十年代的上海政治(二)(薛耕莘口述,王仰清、张鸿奎整理注释)
吴国桢口述回忆对上海史研究的价值和启示(马军)
海外史学名著评介:研究近代上海公共性与国家关系的新作——小浜正子《近代上海的公共性和国家》介绍(葛涛)

2001年第2期(总第62期),2001年5月20日
从稿费制度的实行看晚清上海文化市场的发育(张敏)
犹太人对上海经历的回忆([美]维拉—施瓦克兹撰,金彩红编译)
海外史学名著评介:研究上海苏北人的力作——韩起澜《上海苏北人》评介(邵建)

2001年第3期(总第63期),2001年8月20日
讲述中国历史([美]魏斐德著,梁禾译)
我记忆中的芦胜村(金祖权口述,杨晓芬整理注释)

书评:二十世纪上海城市发展的生动缩影——《淮海路百年写真》评介(刘学照)

2001年第4期(总第64期),2001年11月20日
关于上海通志馆的回忆(胡道静口述,袁燮铭整理注释)
松江历史和松江府建置沿革述略(何泉达)
上海辛亥志士姚勇忱史略(陈梅龙)
上海潮商的行业分布——纺织、钱庄、进出口业(宋钻友)
对第二次四明公所事件中诸现象之考察(吴健熙)

2002年

2002年第1期(总第65期),2002年2月20日
徽商在上海市镇的迁徙与定居活动(唐力行)
近代上海道契与明清江南土地契约文书之比较(马学强)
传统与现代之间——中国科学社领导群体分析(张剑)

2002年第2期(总第66期),2002年5月20日
辛亥革命与上海政治地位的提升(廖大伟)
近代上海金融中心地位与南京国民政府之关系(吴景平)
书评:应当重视对上海金融史的研究(姜义华)
海外史学名著评介:香港工业化进程中的上海人——黄绍伦著《移民企业家:上海工业家在香港》(张秀莉)

2002年增刊(总第67期)(辛亥革命与东南社会学术讨论会专刊),2002年6月20日

《当代上海社会科学学者辞典》正式出版

辛亥革命:上海城市的特点与地位(熊月之)

宁波旅沪士绅与上海、宁波的光复(王慕民)

旅沪宁波人与辛亥革命(李瑊)

辛亥革命时期的"江苏统一"——兼论辛亥革命时期的苏沪行政关系(周育民)

辛亥前上海行栈对三井洋行的影响([日]川原胜彦)

上海商会绅商体制的瓦解及其影响(郭太风)

辛亥革命时期的上海帮会(邵雍)

上海舆论、话语转换与辛亥革命(刘学照)

简析辛亥革命中的《大陆报》——1911年10月12—31日(胡宝芳)

解读《申报》广告:1905—1919年([韩]河世凤)

2002年第3期(总第68期),2002年8月20日

从肇和舰起义看中华革命党军事战略的失误(王友明)

租界与近代上海工业的三大支柱(陈正书)

凝视现代性:三四十年代上海电影文化与好莱坞因素(姜玢)

2002年第4期(总第69期),2002年11月20日

稀世富矿:上海城市社会生活史研究的价值(熊月之)

上海社会生活史的典型意义(李长莉)

"上海城市社会生活史"的三个关键词(钱杭)

近代上海:多元文化的摇篮(罗苏文)

当代上海城市社会与私人生活(承载)

传统上海城镇社会生活刍议(马学强)

抗战时期上海文化人向香港的迁徙(张培德)

八一三事变中的租界与中国难民(郑祖安)

上海孤岛生活的回忆(胡道静口述,袁燮铭整理注释)

会议综述:上海史青年学者国际研讨会综述(廖大伟、甘慧杰、葛涛)

2003年

2003年第1期(总第70期),2003年2月20日

上海报业文化的跨国性与区域性([美]顾德曼著,王儒年译)

2003年第2期(总第71期),2003年4月20日

略论辛亥时期的上海报刊市场(张敏)

论近代上海人文环境及其对企业经营的影响(樊卫国)

近代中国的公共领域:形态、功能与自我理解——以上海为例(许纪霖)

一百年前的"苏报案"(汤志钧)

2003年第3期(总第72期),2003年6月20日

近代上海成长中的"江南因素"(马学强)

近代城市用语的形成——以上海城市交通工具用语为例
(邵建)

城市近代化中的上海闽商(高红霞)

书评:战时恐怖主义与城市犯罪——《上海歹土》解读(芮传明)

2003年第4期(总第73期),2003年8月20日

汉奸!——战时上海的通敌与锄奸活动([美]魏斐德著,吴晓明译)

1940年前后上海职员阶层的生活情况([日]岩间一弘著,甘慧杰译)

照相与清末民初上海社会生活(葛涛)

2003年第5期(总第74期)(上海开埠160年专辑),2003年10月20日

上海城市精神述论(熊月之)

开放传统与上海城市的命运(周武)

上海地区"大跃进"和人民公社化运动述论(袁燮铭)

上海地方自治运动中成员的身份与运作冲突(李铠光)

开罗、上海城市现代化进程比较研究(车效梅)

民国科学社团与社会变迁——以中国科学社为中心的考察(张剑)

2003年第6期(总第75期),2003年12月20日

近代上海社会保障事业初探(1927—1937)(汪华)

近代都市的个案研究——安克强《1927—1937 的上海:市政权、地方性和现代化》述评(张培德)

民国初期教育收费研究——以上海为例(施扣柱)

史林拾页:穆藕初整理出版昆曲全谱始末(柳和城)

2004 年

2004 年第 1 期(总第 76 期),2004 年 2 月 20 日

十九世纪中叶上海城市生活——以《上海新报》为视点(赵楠)

上海社会科学院历史研究所最新成果(四十二):"上海史研究译丛"第一辑(张晓敏、熊月之执行编委,上海古籍出版社 2003 年版)

2004 年第 2 期(总第 77 期),2004 年 4 月 20 日

全球化与上海价值(杜维明)

沪东:近代棉纺织厂区的兴起(1878—1928)(罗苏文)

早期《申报》广告价值分析(王儒年、陈晓鸣)

我在建国前后的金融业生涯(沈日新口述撰稿,吴景平、张徐乐整理注释)

2004 年第 3 期(总第 78 期),2004 年 6 月 20 日

城市中的战争与地下抗战——抗日战争时期中国特工秘密机构的侠义之风([美]叶文心撰,张和声译)

孤岛时期越剧的繁荣及其原因(宋京)

从限价到抢米——1948 年币制改革时期的上海粮情(马军)

上海社会科学院历史研究所最新成果(四十四):《海纳百川:上海城市精神研究》(熊月之、周武主编,上海人民出版社2003年10月版)

2004年第4期(总第79期),2004年8月20日
论近代上海买办的教育背景(马学强)
香山买办与开埠后的上海社会(胡波)
1920年代上海的大学与学生文化([韩]郑文祥)

2004年第5期(总第80期),2004年10月20日
上海学平议(熊月之)
魏斐德与上海史研究(叶斌)
《科学社团在近代中国的历史命运——以中国科学社为中心》序(杨国强)
太平洋战争爆发前上海金融业的抗日活动(张天政)

2004年第6期(总第81期),2004年12月20日
论民国初年文化市场与上海出版业的互动(周武)
日本的"文化侵略"与中国出版业的命运——以商务印书馆为例(郭太风)
孤傲的"上海人"——上海英侨生活一瞥(张和声)
从战时征用到战时教育——中日战争时期的上海日本人学校(陈祖恩)
声音记录下的社会变迁——20世纪初叶至1937年的上海

唱片业(葛涛)

2004年增刊(总第82期)(口述史研究专号),2004年12月30日

回忆我的学生时代(胡道静口述,袁燮铭整理)

我的学校生活与教研生涯(张仲礼口述,施扣柱整理)

汪熙访谈录(于文、张骏、诸君文、秦岭整理)

50年来上海博物馆的文物收藏(马承源口述,高俊整理)

在上海的生活——汇丰银行买办席正甫后人的回忆(席与镐、席与闰、谌漱芳、席与文口述,马学强整理)

民国时期妻妾共居家庭的生活记录(王传贤、王慕冰口述,程郁整理)

老上海的特色商店群(毛履亨原作,宋钻友整理)

旧上海潮商琐谈(郭启东口述,宋钻友整理)

老永安职业生活的回忆(陈瑞麟、曾汉英口述,宋钻友整理)

回忆大同大学(顾宁先口述,黄婷整理)

一个老乐师的回忆(薛文俊口述,马军整理)

2005年

2005年第1期(总第83期),2005年2月20日

抗战前后中共路线的转变与上海城市的社会团体(萧小红)

读史札记:《章练续志》整理说明(石中玉)

2005年第2期(总第84期),2005年4月20日
清代上海郁氏家族的变化及与地方之关系(饶玲一)
日俄战争时期的上海外交(崔志海)
从中国救济善会到上海万国红十字会(池子华)
从中国征信所两次公司登记看其属性之辨(孙建国、彭善民)
城市文化形象——首届沪澳学术论坛综述(徐涛)

2005年第3期(总第85期),2005年6月20日
论李平书(熊月之)
略论近代上海外籍律师的法律活动及影响(陈同)
五四运动与青红帮会(邵雍)
一二八事变后上海银行业之联合准备制(吴晶晶)
触手皆珍构宏篇——松浦章《清代上海沙船航运业史的研究》述评(范金民)

2005年第4期(总第86期),2005年8月20日
亚洲文会会员分析(王毅)
近代中国早期的城市交通与社会冲突——以上海为例(何益忠)
粤人在近代上海的文化活动(刘强、刘正刚)

2005年第5期(总第87期),2005年10月20日
电波中的唱片之声——论民国时期上海广播唱片的社会境遇(葛涛)

近代上海菜场研究(褚晓琦)

20世纪30年代上海城市文化地图解读——城市娱乐区布局模式及其特点初探(楼嘉军)

2005年第6期(总第88期),2005年12月20日

苏报案的审讯与判决(王敏)

开放格局与近代上海城市综合竞争力(贺水金)

上海文革运动中的群众报刊(金大陆)

2006年

2006年第1期(总第90期),2006年2月20日

中国近代外贸埠际转运史上的上海与天津(1866—1919)(唐巧天)

辛亥革命时期上海女子军事团体源流考(赵立彬、李瑾)

在法律与社会之间:民国时期上海本土律师的地位和作用(陈同)

上海地区的施相公信仰(范荧)

《字林西报》与近代上海新闻事业(汪幼海)

明末清初至20世纪30年代江南"女弹词"研究——以苏州、上海为中心(周巍)

2006年第2期(总第91期),2006年4月20日

战后国民政府遣返韩人政策的演变及在上海地区的实践(马军、单冠初)

乡村里的都市与都市里的乡村——论近代上海民众文化特点(熊月之)

近代上海城市环境卫生管理初探(刘岸冰)

战时上海的百货公司与商业文化([日]菊池敏夫著,陈祖恩译)

上海社会科学院历史研究所最新成果(四十六):《海外上海学》(熊月之、周武主编,上海古籍出版社2004年8月版);《科学社团在近代中国的命运——以中国科学社为中心》(张剑著,山东教育出版社2005年10月版)

2006年增刊(总第92期)(口述史研究专号2),2006年4月30日

从聂中丞华童公学到雷士德工学院——倪钜卿老人的求学经历(倪钜卿口述,施扣柱整理)

海外雷子情(邓志雄口述,房芸芳整理)

圣约翰大学的最后岁月(1948—1952)(沈鉴治英语口述,高俊翻译整理)

皮影人生——上海七宝民间艺人访谈录(璩墨熙口述,段炼整理)

再现历史的真实:文献与口述的结合之作——马军著《1948年:上海舞潮案》简介(宋佩玉)

我藏书生涯中遭遇的厄运(陈梦熊自述)

复旦的"文革"资料哪里去了?——曹宠、秦邦廉访谈记(金大陆)

一个农村红卫兵在"文革"初期(刘乐顺口述,刘爱国采访)

2006年第3期(总第93期),2006年6月20日
转型与延续:文化消费与上海基层社会对西方的反应(20世纪50年代至60年代早期)(张济顺)
公厕变迁与都市文明——以近代上海为例(苏智良、彭善民)
同盟会中部总会和上海光复(汤仁泽)

2006年第4期(总第94期),2006年8月20日
关䌷之与上海会审公廨(彭晓亮)
追寻现代性:民国上海言情文化的历史解读(姜进)
游走于城市空间:晚清民初上海文人的公共交往(叶中强)
近代上海的京剧票友、票房(1911—1949)(徐剑雄)
上海中法工学院始末(葛夫平)

2006年第5期(总第95期),2006年10月20日
开创"世界知识"的公共空间:《时务报》译稿研究(潘光哲)
孙中山的革命思想与同盟会——上海孙中山故居西文藏书的一项审视(姜义华)
融斋龙门弟子与中国早期现代化(徐林祥)
上海文革运动中的"宣传品"(金大陆)
历史研究和史料整理——"文革"前历史所的四部史料书(汤志钧)

2006年第6期(总第96期),2006年12月20日
上海外商企业中的华董研究(1895—1927)(张秀莉)

从全国性到地方化:1945至1956年上海出版业的变迁
（周武）

2007年

2007年第1期(总第97期),2007年2月20日
政府与媒体——晚清上海报纸的政治空间（王敏）
战时上海的"租界问题"（[日]高纲博文著,陈祖恩译）
自行车普及与近代上海社会（徐涛）

2007年第2期(总第98期),2007年4月20日
1951年上海批判电影《武训传》运动始末（杨俊）
城市史研究的三条进路——以上海、香港、新加坡为例（梁元生）
上海道契所保存的历史记忆——以《上海道契》英册1—300号道契为例（陈琍）
史林特别推荐书目:《上海:一座现代化都市的编年史》（熊月之、周武主编,上海书店出版社2007年版）

2007年第3期(总第99期),2007年6月20日
入上海与居上海——论清末士人在城市的私谊网络（1895—1911）（瞿骏）
二三十年代的《申报》广告与爱国主义的世俗化（王儒年）
冲突与合作:1927—1930年上海公共卫生（何小莲）

2007年第4期(总第100期),2007年8月20日

民国时期对外籍律师的限制——以上海为例(陈同)

上海银行业保人制度改良述略(刘平)

外地红卫兵驻沪联络站的建立和撤销(金大陆)

西餐引入与近代上海城市文化空间的开拓(邹振环)

地方精英与上海抗战——以"一二八"事变期间的上海市民地方维持会为例(白华山)

《上海:中西交汇里的历史变迁》序(杨国强)

元代首任"上海县达鲁花赤"舍剌甫丁考释(郭晓航)

史林特别推荐书目:《圣约翰大学史》(熊月之、周武主编,上海人民出版社2007年版)

2007年第5期(总第101期),2007年10月20日

南北对峙与上海广东社会内的政见纷扰(1917—1927)(宋钻友)

史林特别推荐书目:《广东人在上海(1843—1949)》(宋钻友著,上海人民出版社2007年版)

2007年增刊(总第102期)(口述史研究专号3),2007年11月30日

我和上海电影的不解之缘(于洋口述,王岚整理)

有关老上海仙乐斯舞宫的若干情况(陆志根口述,孙琴安采访)

一个老上海白领的回忆(陆德业口述,饶玲一记录)

我的劳动生涯——上海老工人系列访谈之一(孙兴大口述,

段炼整理)

上海浦东童养媳个案调查记录(付琴仙口述,瞿晓凤、程郁整理)

绛衣禹步,鹤发丹心——上海川沙曹岁辛道长访谈录(曹岁辛口述,龙飞俊整理)

2007年第6期(总第103期),2007年12月20日

1945至1949年上海米商研究(马军)

女子学堂与辛亥革命——以上海宗孟女学堂为例(李益彬、李瑾)

从鼎盛到中落——上海作为全国外贸转运中心地位的变迁(1864—1930)(唐巧天)

上海商界与关税特别会议(陶水木)

2008年

2008年第1期(总第104期),2008年2月20日

归位:建国初期上海游民改造对象分析(阮清华)

2008年第2期(总第105期),2008年4月20日

近代中国的注册会计师(杜恂诚)

轮船招商局官督商办经营体制形成的原因及影响(罗苏文)

1927—1936年上海的妇幼卫生事业——以卫生行政为中心的讨论(赵婧)

2008年第3期(总第106期),2008年6月20日

从1885年盛宣怀入主招商局看晚清新式工商企业中的官商关系(朱荫贵)

北京红卫兵在上海(上)——首都红卫兵南下兵团始末(1966.9.10—9.30)(金大陆)

革命与生意——以辛亥革命时期的上海为例(瞿骏)

近代上海闽商整体退却及其原因(高红霞)

史林特别推荐书目:《上海大辞典》全三册(王荣华主编,上海辞书出版社2007年版)

2008年第4期(总第107期),2008年8月20日

穆藕初的社会改良思想(高俊)

上海与宁波的外贸埠际转运变迁(1866—1930)(唐巧天)

2008年第5期(总第108期),2008年10月20日

"百代"浮沉——近代上海百代唱片公司盛衰纪(葛涛)

2008年第6期(总第109期),2008年12月20日

张弛有道:从圣芳济学院看近代在华天主教中学的一种管理模式(施扣柱)

徘徊于传统与现代之间:从竹枝词看近代上海文化风气的变迁(王毅)

从知识体制中心走向自由媒体市场——"新月派"文人在上海(叶中强)

城市研究的历史情境——"近代中国城市发展与社会生活变迁"学术研讨会暨亚洲新人文联网会议综述(岳钦韬)

2009 年

2009 年第 1 期(总第 110 期),2009 年 2 月 20 日

上海与天津清末地方自治的比较——从城市管理机构建立角度(张利民)

北京红卫兵在上海(下)——首都红卫兵南下兵团始末(1966.9.10—9.30)(金大陆)

2009 年第 2 期(总第 111 期),2009 年 4 月 20 日

清末闸北开辟"通商场"再探(张笑川)

近代上海棚户区与国民政府治理能力(蔡亮)

史林特别推荐书目:《近代社会变迁中的上海律师》(陈同著,上海辞书出版社 2008 年 8 月版)

2009 年增刊(总第 112 期)(口述史研究专号 4),2009 年 5 月 20 日

重回上海拍电影(王为一口述,王岚采访整理)

我的书画生涯(一)(承名世口述,承载采访整理)

我的交际舞生涯(钱祥卿口述,马军采访整理)

上海百货业史口述访谈录(李承基口述,李培德采访)

孙曜东口述访谈记录(一)(孙曜东口述,冯筱才、沙青青采访整理)

口述、性别与上海抗战史(陈雁)

从俄语教师到日语教师(李维坤口述,[日]笹田和子采访整理)

沪上著名律师李小华访谈录(施扣柱采访整理)

在曲折中前进的"左联"纪念馆(张小红口述,顾良辉采访整理)

传颂先贤,吾辈有责——张充仁纪念馆筹建前后(郁贤镜、张渊口述,俞平采访整理)

老上海咖啡馆点滴(胡守训口述,章斯睿采访整理)

"文革"中的上海工人保守派(马骥、李剑钰口述,李逊采访整理)

2009年第3期(总第113期),2009年6月20日

内向化与外向化——开埠前后上海、宁波两港不同的发展态势(王列辉)

论近代上海外资企业的路径选择(贺水金)

上海总商会在华盛顿会议前后收复国权的主张和活动(许冠亭)

2009年第4期(总第114期),2009年8月20日

薛焕与普鲁士东亚外交特使团(王维江)

略论近代上海同业业规之变革(樊卫国)

反清·抗俄·反帝——苏报案英雄形象的建构(王敏)

史林特别推荐书目:《上海报人社会生活(1872—1949)》(王

敏著,上海辞书出版社2008年版)

2009年第5期(总第115期),2009年10月20日
女性,地域性,现代性——越剧的上海传奇(姜进)
河道、风水、移民:近代上海城周聚落的解体与棚户区的产生(吴俊范)
近代上海公共租界工部局的水费监管及特征分析(樊果)
民国时期上海书画家社会生活(1912—1937)(田一平)
明清以来苏松地区民间祠庙的收入、产权与僧俗关系(王健)

2009年第6期(总第116期),2009年12月20日
民国上海的"城市空间"与文人转型(叶中强)
1949年以来上海苏北人歧视的消解(邵建)

2010年

2010年第1期(总第117期),2010年2月20日
近代上海小报视野下的苏州评弹(洪煜)
近代化的"退"与"进"——近代上海电报通信权的交涉(韩晶)
谣言与金融危机:以1921年中交挤兑为中心(马建标)
史林特别推荐书目:《同乡组织与上海都市生活的适应(1843—1949)》(宋钻友著,上海辞书出版社2009年版);《青春飞扬——近代上海学生生活》(施扣柱著,上海辞书出版社2009年版)

2010年第2期(总第118期),2010年4月20日

上海商会与中国近代博览会事业(乔兆红)

从华界垃圾治理看上海城市的近代化(1927—1937)(廖大伟、罗红)

上海"文革"时期的粮油供应——兼论"国家管理"的"在位"(金大陆)

明清松江府进士人群的初步研究(陈凌)

叶澄衷研究述评(李瑊)

史林特别推荐书目:《1905年抵制美货运动:中国城市抗争的研究》(黄贤强著,高俊译,上海辞书出版社2010年版);《西方音乐家的上海梦:工部局乐队传奇》([日]榎本泰子著,赵怡译,上海辞书出版社2009年版)

2010年第3期(总第119期),2010年6月20日

论1928年上海地区的商会存废之争(朱英)

史林特别推荐书目:《出入于中西之间:近代上海买办社会生活》(马学强、张秀莉著,上海辞书出版社2009年9月版)

2010年增刊(总第120期)(口述史研究专号5),2010年7月20日

王元化访谈录(王维江、[德]舒秦玉凤、韦凌采访整理)

别样年华——我在土山湾的岁月(章俊民口述,王正瀚、赵军采访整理)

20世纪三四十年代上海贫民女孩眼中的世界(汤金娣口述,屠立晨、程郁采访整理)

从警界到舞界(朱永铭口述,马军采访整理)

上海解放前后市民娱乐方式的变化——"老克勒"朱廷嘉口述访谈(史诗采访整理)

解放初期上海工厂的劳资状况与公私合营(张钦康口述,张和声采访整理)

一位上海城派道士的口述史——顾冠福道长访谈录(龙飞俊采访整理)

"文祸"回味——我评姚文元文章的遭遇(姚全兴自述)

关于《学习与批判》的人和事(陈菡蓉采访整理)

续写征程谱新篇——回忆我在孙宋管委会工作的日子(华平口述,宋时娟采访整理)

在中共"一大"会址纪念馆走过的党史研究之路(任武雄口述,张玉菡采访整理)

徐光启纪念地口述访谈录(宋浩杰口述,张犇采访整理)

建龙华烈士陵园,展百年民族精神(王菊如口述,邵文菁采访整理)

见证历史,发展友谊——记上海大韩民国临时政府旧址纪念馆(戴奕口述,刘雪芹、范星玥整理)

实践与方法的重奏——上海城区史研究中的口述运用(姚霏)

2010年第4期(总第121期),2010年8月20日

从苏州到上海:评弹与都市文化圈的变迁(唐力行)

法国文化空间与上海现代性:以法国公园为例(苏智良、江文君)

上海滩上的"大卫王之星"——近代上海万国商团犹太分队研究(李光、徐涛)

"东南互保"之另面——1900年英军登陆上海事件考释(戴海斌)

史林特别推荐书目:《苏报案研究》(王敏著,上海人民出版社2010年版)

2010年第5期(总第122期),2010年10月20日

"风化"与"风流":"淫戏"与晚清上海公共娱乐(魏兵兵)

1930年上海公共租界工部局水费加价始末及分析(刘京、樊果)

从模仿到超越——上海小校场年画与苏州桃花坞年画(段炼)

历史文本的俗说与雅解——以"黄慧如与陆根荣案"为例(张生)

2010年第6期(总第123期),2010年12月20日

"素为沪地教会中学之冠"——近代上海徐汇公学研究(马学强)

北洋时期"北四行"在上海(诸静)

从"同年"到"同学"——圣约翰大学校友会与近代中国社会新型人际网络的建构(饶玲一)

研究老课题的新思路——评《1905年抵制美货运动》(高俊)

(原载"上海史研究通讯"微信公众号2021年8月22日;马军著《故纸与往事》,上海人民出版社2022年1月版,第236至268页)

附 录

《上海史研究通讯》目录(1980—1985年)

马 军 编

编者按:《上海史研究通讯》是20世纪80年代前期上海社会科学院历史研究所上海史研究室主办的内部刊物,被认为是《史林》杂志的前身。现列目以飨学界。

总第1期,1980年12月
目录

中国地方史研究会筹备会最近在天津举行(池耳一)

梁寒冰同志总结发言(邬烈勋整理,未经本人审阅)

上海学术文化界人士关于开展上海史研究座谈纪要(姚全兴整理)

上海文化界人士谈上海史研究(发言摘要)(全)

上海部分业务部门人士座谈上海史研究纪要(郑、卢)

中国人民银行上海市分行金融史研究工作简况(炯欧)

上海房地产史料编研工作情况简介(桑荣林)

介绍《上海港史话》(金立成)

上海市通志馆和上海市文献委员会始末(上海社会科学院历史研究所研究生卢汉超、郑祖安)

上海史研究会章程(草案)(经七月二十九日上海史研究会筹备组初步讨论拟定)

上海史研究会即将正式成立(尤置)

编者的话

总第2期,1981年4月

目录

五十年代上海工运史料工作回顾(沈以行)

整理编写上海经济史料情况述略(上海社会科学院经济研究所丁日初)

上海史外文图书资料情况答问(章克生)

纪念活动:辛亥革命文献图影展览正积极筹备(伟康)

出版动态:上海地方史料出版概况(一实)

学术交流:法国学者将来华作上海地区发展史学术考察(文)

中国地方史研究会八省市筹备小组会议纪要(邬烈勋)

关于纂修方志的几点建议

上海十县兴修新志座谈简报(姚全兴)

关于纂修上海方志新志的体例问题(上海博物馆吴贵芳)

辛亥革命青浦纪事(青浦县博物馆张瑞钟整理)

读者·作者·编者

总第3期,1981年7月

目录

上海史志研究会成立大会纪实(卢汉超)

上海史志研究会成立大会发言摘录(发言者沈以行、唐振常、陆志仁、陈其五、洪泽、罗竹风、来新夏、万景亮、后奕斋、张持平、方行、陈虞孙、蔡尚思,卢汉超整理,未经发言人审阅)

附:华侨历史研究选题(张持平)

上海史志研究会首届理事名单

上海史志研究会正副会长、正副秘书长名单

上海史志研究会学术顾问名单

关于上海史志工作的若干情况(上海社会科学院历史研究所、上海史志研究会)

关于《上海史》与地方志问题(复旦大学黄苇)

关于编纂《上海史》《上海通志》的建议(陈光贻)

上海市《崇明县志》类目(初稿)(上海市崇明县编史修志办公室)

修志动态:上海市区县档案馆干部座谈编史修志工作问题

《史林》杂志目录(1986—2010年)及研究

(上海市档案局供稿)

总第4期,1982年1月

目录

中国地方史志协会成立大会暨首届地方史志学术讨论会会议纪要

中国地方史志协会名誉会长、学术顾问、会长、副会长、秘书长、副秘书长、常务理事、理事名单(中国地方史志协会成立大会一致通过)

史志有别——在中国地方史志协会成立大会上的讲话摘要(谭其骧)

关于新县志编纂方案的建议

关于党史资料征集工作的两次会议(蒋钤)

党史研究中的几个问题(刘振海)

民主革命时期中国共产党在上海出版的报刊简介(王雪娜)

刘三先生传(马叙伦遗著)

《上海县二十六保志》简述(上海师范学院陈金林、陆耀宗)

上海市十县编史修志交流会议在松江县举行(卢汉超)

上海科技史研究座谈会纪要(姚全兴)

中国地方史志协会成立大会暨首届地方史志学术讨论会上海市代表人选、大会特邀代表

总第5期,1982年6月

目录

"另一个中国"：一九一九至一九四九年的上海（[法]玛丽—克莱尔·白吉尔（Marie-Claire Bergère）著，卢汉超译，沈恒春校）

上海的市政（1905—1914年）（[美]马克·艾尔文（Mark Elvin）著，马骏译，沈恒春校）

《上海史研究论文集》选题设想

总第6期,1982年9月

目录

建国以来上海史论文索引（1949—1981）（夏林根、丁宁）

上海业务部门座谈会简报（郑祖安）

上海科技史研究工作者座谈希望组织起来（卢汉超）

《上海近代社会经济概况》在编译中（雪筠）

上海史资料工作座谈会纪要（熊月之）

上海郊县修志工作座谈会纪要（陈金林）

上海郊县编志工作第一次协作会议纪要（奉贤县修编县志办公室整理）

总第7期,1983年1月

目录

照片两张

上海十县编修新志经验交流会议纪要

救亡协会史略（张义渔、李飞）

文物解——为我国颁布文物保护法而作（上海史志研究会

秘书长吴贵芳)

1947年上海学生运动资料选录(王仲清、许映湖摘编)

华东片第一次海港史编写工作会议纪要

照片两张

总第8期,1983年5月(上海十县编修新志经验交流会议专辑)

目录

编者前言

上海十县编修新志经验交流会议开幕式发言摘要(唐振常、吴贵芳、洪泽、郭加复、陆志仁、方行、朱思学)

编修新志经验交流发言:方志资料搜集与整理(奉贤县姚金祥),浅谈县志如何体现地方特点和时代特点(松江县何惠明),黄炎培与《川沙县志》(川沙县顾炳权),我们是怎样编写水利志的(崇明县水利局施桂馨),搜集专业志资料的几点体会(青浦县陆梧岗)

三十二年来上海农村发展概况(上海市农委副主任万景亮)

从文物谈到新志的编修工作(上海市文化局副局长方行)

地方史志资料的搜集、鉴别与整理(上海社会科学院历史研究所副所长汤志钧)

市、县修志体例问题管见(上海史志研究会秘书长吴贵芳)

城市史志问题刍议(哈尔滨市地方志编纂办公室主任关成和)

修志动态:崇明县《人物志》编写专题讨论会记略(陈正书)

照片两张（吴竟成摄）

总第9期，1983年9月
目录

《上海经济（1949—1982）》序（汪道涵）

上海历史概要（《上海经济》编辑部供稿）

《上海经济（1949—1982）》即将出版（晓岚）

崇明县在明代的建立及其概况（王守稼）

试述明代上海地区植棉与棉纺手工业的发展（王燮程）

从《日日琐言》看太平军在青浦的政权建设和经济措施（林超）

上海租界史上最早的新闻出版法（陈正书）

抗战初期上海地区武装斗争组织概况（翁三新）

"六五"期间的方志整理规划（草案）

中国旧方志整理规划实施方案（1983—1990）（草案）（中国地方史志协会）

筹建中的上海历史文物陈列馆（孙果达）

《上海地方史资料》陆续出版（晓岚）

上海市郊县修志协作会议纪要（周芝珂）

总第10期，1984年3月
目录

马克思主义工运指导理论的中国化——纪念毛泽东同志九十周年诞辰（沈以行）

上海地区疆域沿革考(下篇)(谯枢铭)
伟大的爱国者徐光启(王守稼、缪振鹏)
上海租界华人参政运动述论(卢汉超)
论新地方志中人物立传的地位与作用(邬烈勋)
浅谈我们对编写建国后历次政治运动的认识(松江县志办公室)
浅谈县志纲目的拟订、修改和完善(姚金祥)
主次辨——关于人物志的一点商榷(章采烈)
上海文化艺术领域专业史志编修协作会议纪要(余书)
上海十县新志编修第四次协作会议纪要(松志)

总第 11 期,1985 年 3 月

目录

上海广方言馆史略(熊月之)
工人参加了上海的解放([民主德国]赫尔加·谢纳尔撰,周子亚译)
抗战初期上海民营工厂的内迁(孙果达)
关于新县志大事记的一些想法(在上海郊县修志第五次协作会议上的发言)(沈恒春)
全国北片十三省市县志稿评议会纪要(姚金祥)
上海市郊县修志第五次协作会议纪要(青志办)
联合晚报副刊老上海总目(邹勤南、薛兰)
大德《松江郡县》辑稿(陈金林辑校)
征稿启事(《上海史研究通讯》编辑室)

增刊第 1 期,1980 年

上海旧县城(郑祖安)

增刊第 2 期,1981 年

上海地区方志述略(谯枢铭)

(原载"上海史研究通讯"微信公众号 2019 年 4 月 2 日;《上海史研究通讯》新刊第 1 辑,2019 年 12 月;马军编《史研双峰》,上海书店出版社 2019 年版,第 39 至 45 页;马军著《故纸与往事》,上海人民出版社 2022 年 1 月版,第 186 至 192 页;段炼主编《上海史研究》4 编,上海社会科学院出版社 2023 年 6 月版,第 416 至 423 页。收入本书时有增订。)

后 记

本目录编成于 2021 年 2 月至 5 月,系一一对照原本而编的详目,除全部论文、文章、译文等的标题(体例俱照原样)和责任者姓名外,举凡新书介绍、广告、编辑部启事等亦均收入其中。作为曾经出任《史林》编务、责任编辑、副主编、编委的我,在该刊创刊 35 周年之际,推出这样一本小册子,自有特殊和多重的学术意义。

其一,《史林》是国内最重要的史学刊物之一,本目录为业内人士进行各类专题研究,直接提供了便捷的查阅手段,尤其是后附的"责任者索引"极易由人查文。

其二,《史林》已经有 35 年的历史了,是大时代、学术史的重要写照。本目录为研究该刊本身的发展历程提供了特殊的襄助。换言之,"《史林》史"或许已经成为一个可以预见的选题了。

其三,本目录虽然截至 2010 年,但作为《史林》有史以来的第一本总目,希望能够开启先河,以待来者,因为编目工作历来是国际刊物的通行规则,需要长久的坚持。故而期待有后来者能够编出"续编"。

其四,本目录还在于告诫现今的历史所人,"前人种树,

后 记

后人乘凉",但在乘凉之余,切莫忘记前辈的创业之难,和自己身上肩负的历史责任。在当前这个纷扰的转变时代,应如何进行改革,正确地选择未来的发展之路,更好地服务同人、服务学界、服务社会,这是必须时刻自我警醒的问题。

最后,请允许我向为本书的编辑工作付诸了许多心血的上海社会科学院出版社的霍覃先生致以真挚的感谢。

因水平有限,编目中的各种舛误,烦请读者指正。

马 军
2021 年 6 月 1 日初编
2022 年 10 月 29 日定稿

图书在版编目(CIP)数据

《史林》杂志目录(1986—2010年)及研究 / 马军编著.— 上海：上海社会科学院出版社，2023
 ISBN 978-7-5520-4236-8

Ⅰ.①史… Ⅱ.①马… Ⅲ.①史学—期刊目录—中国—1986-2010 Ⅳ.①Z88：K0

中国国家版本馆 CIP 数据核字(2023)第 182529 号

《史林》杂志目录(1986—2010年)及研究

编 著：	马 军
责任编辑：	霍 覃
封面设计：	霍 覃
出版发行：	上海社会科学院出版社
	上海顺昌路 622 号 邮编 200025
	电话总机 021-63315947 销售热线 021-53063735
	http://www.sassp.cn E-mail：sassp@sassp.cn
照 排：	南京理工出版信息技术有限公司
印 刷：	上海颛辉印刷厂有限公司
开 本：	787 毫米×1092 毫米 1/32
印 张：	10
字 数：	198 千
版 次：	2023 年 9 月第 1 版 2023 年 9 月第 1 次印刷

ISBN 978-7-5520-4236-8/Z·081　　　　　定价：68.00 元

版权所有　翻印必究